中国大豆市场供需平衡研究

农业农村部信息中心 ◎ 编著

中国农业出版社
北　京

图书在版编目（CIP）数据

中国大豆市场供需平衡研究 / 农业农村部信息中心编著. —北京：中国农业出版社，2023.9

ISBN 978-7-109-31217-3

Ⅰ.①中… Ⅱ.①农… Ⅲ.①大豆—市场—供需平衡—研究—中国 Ⅳ.①F326.12

中国国家版本馆 CIP 数据核字（2023）第 196262 号

中国农业出版社出版

地址：北京市朝阳区麦子店街 18 号楼

邮编：100125

责任编辑：孙鸣凤

版式设计：王 晨 责任校对：吴丽婷

印刷：北京通州皇家印刷厂

版次：2023 年 9 月第 1 版

印次：2023 年 9 月北京第 1 次印刷

发行：新华书店北京发行所

开本：880mm×1230mm 1/32

印张：6.5

字数：180 千字

定价：68.00 元

《中国大豆市场供需平衡研究》

编著委员会

主　　任：王小兵

副 主 任：李韶民　曹庆波　孟　丽

编　　著：殷瑞锋

其他编写人员（按姓氏笔画排序）：

马光霞　王　彪　王芸娟　包立华

刘亚莉　杜　宇　李淞淋　杨　双

郭雪然　舒坤良

大豆起源于中国，迄今已有 3 000 多年的种植历史。20 世纪 50 年代中期以前，我国是世界上最大的大豆生产国，之后陆续被美国、巴西和阿根廷赶超，1998 年下降为世界第四大生产国并保持至今。目前，我国仍然是世界上最大的非转基因大豆生产国。改革开放 40 多年来，我国经济发展日新月异，人民生活水平不断提高，国内先后经历了食用植物油和禽畜产品消费的高速增长期，以大豆为原料的豆油和豆粕分别在食用植物油和禽畜养殖中需求量最大、市场份额最高，豆油和豆粕消费量的持续攀升推动了我国大豆消费量的日益增长。在大豆消费量大幅增长的同时，我国大豆种植业虽然有一定的发展，但是单产能力和播种面积的增长率远远低于世界平均水平，大豆产不足需成为常态。1996 年我国从传统的大豆出口国转变为大豆净进口国，此后大豆进口量逐年递增，出口量逐年递减。2000 年我国大豆进口量突破 1 000 万吨后，进口增速不断加快，2010 年进口量突破 5 000 万吨，2020 年进口量突破 1 亿吨大关。21 世纪以来的 20 多年间，我国大豆进口量增长了 10 倍，且长期稳居世界第一。

美洲是全球最大的大豆产区，也是最大的大豆出口地。我国从美国、巴西、阿根廷三个主产国家进口的大豆数量之和常年占进口大豆总量的95%左右，其中从巴西和美国的进口量多数年份都占85%以上。近年来，国际经济和贸易形势复杂多变，外部环境的不稳定给我国农产品进出口贸易带来了不确定性。2018年以来的中美经贸摩擦，2022年爆发的乌克兰危机，均对我国大豆乃至油脂油料市场造成了一定影响。因此，重视大豆生产对于增强我国大豆产业的安全形势及国际大豆贸易话语权具有重要的现实意义。在此背景下，如何通过对生产和产业发展的支持来平衡大豆市场供需成为本书的研究主题。

大豆属于土地密集型农作物，适宜大规模机械化种植。我国大豆生产面临的最大困境是土地规模小，机械化和标准化程度低，与同季生产的玉米作物相比，比较收益不高。如果不考虑土地和劳动力成本，我国农民使用自有地生产玉米的亩均收入明显高于大豆，多数年份种植玉米的亩均收入是大豆的1.5倍以上；在这种比较收益格局下，农民必然会选择种植玉米而非大豆。如果考虑土地和劳动力成本，以2020年为例，规模经营户流转土地并雇用劳动力种植大豆，市场价格只有达到4.88元/千克左右，收入和成本才能基本相抵。长期看，在没有补贴的情况下，大豆规模经营在市场竞争中总是面临亏损风险，缺乏通过流转土地实现规模经营的经济动力；而补贴政策只有在规模化生产条件下实施才有现实意义。

从美国大豆种植成本收益来看，大豆的收益并不稳定，与玉米之间的比较收益同样不稳定。1997—2022年的26年间，美国大豆种植10年亏损，玉米种植17年亏损，另有19年时间大豆收益高于玉米或者亏损小于玉米。在种植经常性亏损的情况下，美国依然是世界第一大玉米生产国和大豆生产国，也是世界第一大玉米出口国和最重要的大豆出口国之一。这与美国对农业的支持政策直接相关。鉴于我国大豆种植社会效益高但经济效益相对较低，今后应强化大豆产业支持政策，把支持大豆生产与支持稻谷、小麦等口粮基本等同起来，权衡大豆国际国内比价及国内大豆、玉米等生产比较效益，在世界贸易组织（World Trade Organization，WTO）农业规则许可的范围内，合理确定大豆生产的国内支持措施和水平。

受多种因素综合影响，2015 年我国大豆种植面积下降到新中国成立以来的最低水平，此后在各项政策支持下，大豆生产稳步恢复，种植面积和产量开启了波动性增长之路。2022 年我国多策并施扩种大豆，千方百计挖掘大豆增产潜力。在东北大豆传统产区，发展玉米-大豆轮作；在西北、黄淮海、西南、长江中下游选择适宜区域，首次大面积推广大豆玉米带状复合种植。大豆扩种取得了积极成效，当年种植面积达到 1.54 亿亩[①]，较 2021 年增加 2 743 万亩，产量首次迈上 2 000 万吨台阶，创历史新高，大豆自给率提高了 3 个百分点。作为我国最大的大豆主产省，黑龙江大豆种植面积和产量常年占全国的 40%以上，2022 年该省大豆播种面积、单产、总产量均创近年新高。内蒙古是全国第二大大豆种植区，近年播种面积和总产量得到恢复性增长，2022 年扩种 430 万亩，达到 1 770 万亩。内蒙古自治区发展和改革委员会的调查结果显示，在总成本刚性上涨的态势下，大豆种植净利润微薄的局面难以扭转。该地区农民种植大豆的主要收益来源于农业补贴，在大豆相对收益较低的影响下，农民种植大豆的意愿并不稳定，2021 年大豆种植面积比上年减少 460 余万亩。因此，稳定和增强大豆生产支持政策力度是提升农民大豆种植积极性、扩大种植面积和产量的重要措施。

在有限的资源条件下，我国大豆生产应以市场需求为导向，

① 亩为中国非法定计量单位，15 亩=1 公顷。下同。——编者注

优先满足食用需求，适度发展油用大豆生产。在很长时间内，我国人多地少的矛盾都难以解决，不可能长期依靠扩大种植面积来增加大豆供给，只有依靠科技进步，提高大豆产量和质量，增加生产效益，才是增强国产大豆竞争力的根本途径。我国大豆进口从几年前已开始多元化，增加了从加拿大、乌拉圭、巴拉圭、乌克兰、俄罗斯等非传统大豆出口大国的大豆进口。同时，鼓励大型农业企业"走出去"，增加对国际一手粮源的控制规模，加速在南美、黑海区域的全产业链布局。

此外，在提高大豆产量方面，需科学对待转基因育种等生物技术的巨大潜力。国际农业生物技术应用服务组织（International Service for the Acquisition of Agri-biotech Applications，ISAAA）报告显示，自1996年转基因作物商业化种植以来，全球转基因作物种植面积从170万公顷迅速增加到2017年的1.9亿公顷，增加了110多倍。转基因生物技术成为现代农业史上应用最为迅速的作物改良技术，2012年发展中国家转基因作物的种植面积首次超过发达国家，但该技术仍被欧美发达经济体垄断，全球发展不平衡。目前，农业生物技术产业进入全球化布局的新阶段，发达国家主导着转基因作物品种、技术的知识产权体系，少数跨国公司主导着转基因作物市场和农业生物技术，技术与市场垄断更加集中。1996—2016年，全球转基因作物的种植使作物产量增加了6.6亿吨，节约1.8亿公顷土地，减少了8.2%的农药使用，对环境的影响降低了18.4%，为全球1 600万～1 700万农民带来了1 861亿美元的经济收益（其中95%的农民来自发展中国家）。建议对转基因生物技术继续加大投入，加快对具有重要应用价值和自主知识产权的转基因生物技术的研究，缩小与发达国家的差距，积极参与全球化竞争，促使转基因大豆技术"走出去"，推进国内外自主转基因技术的产业化应用进程。

本书共五章，第一章主要介绍了中国大豆生产的历史变化和趋势，对1949年以来全国及重点区域大豆种植面积、产量等情况进行了详细介绍，同时也对大豆生产成本和比较效益进行了分析。第二章主要介绍了近30年来中国大豆生产支持政策的演变，并对各个阶段的支持政策效果进行了评价，具体包括良种补贴政策、临时收储政策、目标价格补贴政策及生产者补贴政策。此外，还分析了WTO框架下中国对主要农产品的支持力度，重点对大豆的支持量进行了测算和比较。第三章主要介绍了中国大豆市场的供需情况和发展趋势，包括近年中国大豆的生产、消费、贸易、价格等情况，并对未来中国大豆市场的供需形势和价格走势进行了预判。第四章从更广泛的范围分析了全球大豆市场的供需和贸易形势，包括全球大豆的生产分布、消费趋势、贸易形势、价格走势等，总结全球市场供需和贸易的突出特点及发展趋势，并对主产国的情况进行了简要介绍。第五章提出维护中国大豆市场供需平衡的政策措施，并对中国大豆产业发展进行综合判断、提出政策建议。

本书能与读者见面，对于编委会来说是一件非常愉快和有意义的事情。在此也感谢为本书撰写提供思路及帮助的专家和友人，以及参与本书编辑工作的工作人员。中国的大豆市场和产业发展，确需更多的人来关心和研究。由于编者的认知水平和能力有限，书中的观点和细节难免出现纰漏，在此也欢迎大家批评指正。

2023年6月19日

CONTENTS
目录

第一章 中国大豆生产的历史变化和趋势

中国是世界公认的大豆原产国，但具体起源于何时何地，学术界还没有定论，西方普遍认为公元前 11 世纪在华北东部地区野生大豆被驯化为栽培大豆。明清时期，大豆种植遍及全国各地。1869 年清政府取消了大豆外运的禁令，中国大豆开始进入国际贸易舞台。根据《中国近代农业生产及贸易统计资料》，1906 年中国首次向日本出口豆饼，1910 年首次将大豆通过俄国转运至欧洲。1912—1928 年，中国大豆主要销往苏联（1917 年以前为俄国）和日本，豆油主要销往英国、美国、荷兰等国家，豆饼主要销往日本。直到 1937 年全面抗日战争爆发以前，中国的大豆产量仍占世界大豆总产量的 80%以上。

抗日战争时期，东北大豆生产受到日伪摧残，陕甘宁边区和晋冀鲁边区的科技人员在艰苦的战争环境里，仍然坚持开展大豆新品种选育与推广工作。据统计，1944—1946 年我国大豆产量占世界总产量的 56.6%，美国大豆的产量则占世界总产量的 38.2%。1946—1949 年，受内战影响，大豆产量大幅度下降，1949 年是历史上大豆产量最低的一年，仅 509 万吨，约占世界总产量的 42.7%，而美国大豆产量占世界总产量的比例上升至 52.7%。新中国成立后的第一个五年计划期间，我国大豆生产得到恢复，1952 年达到 953 万吨，比 1949 年增长了 87.1%，再度超过美国，居世界首位。1954 年被美国赶超后，我国成为世界第二大大豆生产国；1974 年和 1998 年分别被巴西和阿根廷超越，从此下降为世界第四大大豆生产国。但直到目前，我国仍然是世界上最大的非转基因大豆生产国。

一、中国大豆种植面积的历史变化

（一）中国大豆种植面积变化及原因分析

根据国家统计局数据，1949—2022 年，我国大豆年均种植面积为 871 万公顷，其中 1957 年的种植面积为历年最高，达到 1 274.82 万公顷；1976 年的种植面积为历年最低，仅 669.12 万公顷（图 1-1）。

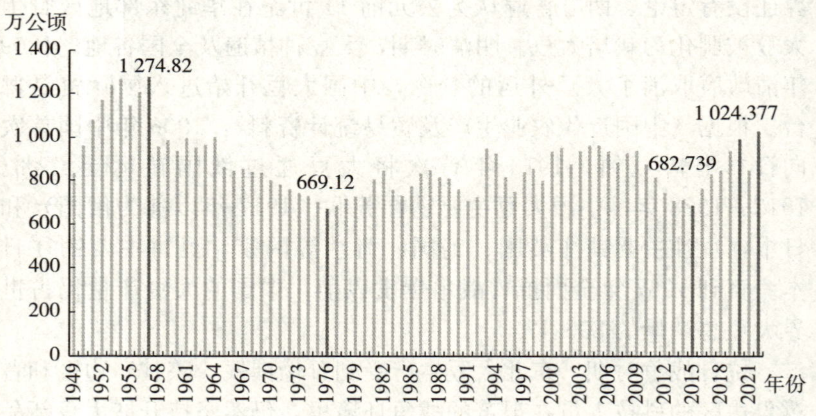

图 1-1　1949—2022 年我国大豆种植面积变化情况

数据来源：国家统计局。

70 余年的大豆种植面积波动起伏，与不同时期采取不同的农业政策和经济发展模式等因素紧密相关。新中国成立初期，我国大豆种植面积增长趋势非常明显，从 1949 年的 831.87 万公顷一直增加到 1957 年的历史最高水平（1 274.82 万公顷），8 年增幅高达 53.2%。自 1958 年陡降后，种植面积逐渐形成下滑趋势，直到 1976 年创下新中国成立以来的最低水平（669.12 万公顷），该水平较 1965 年下降 22.1%，较 1957 年的历史高点下降 47.5%，较新中国成立初期下降 19.6%（图 1-2）。20 世纪 50 年代，我国是世界上最大的大豆生产国和出口国，是新中国成立以来国产大豆发展最好的时期。此后相当长一段时间内，农业生产发展缓慢，为保证粮薯高产作物的生产，大豆种植受到较大影响，面积不断下滑，这种下降趋势一直持续到 1976 年。在“以粮为纲”的计划经济时代，大豆虽归类于粮食，但实际上让位于小麦、稻谷、玉米三大主粮和薯类，这是六七十年代我国大豆种植面积下降的主要原因。

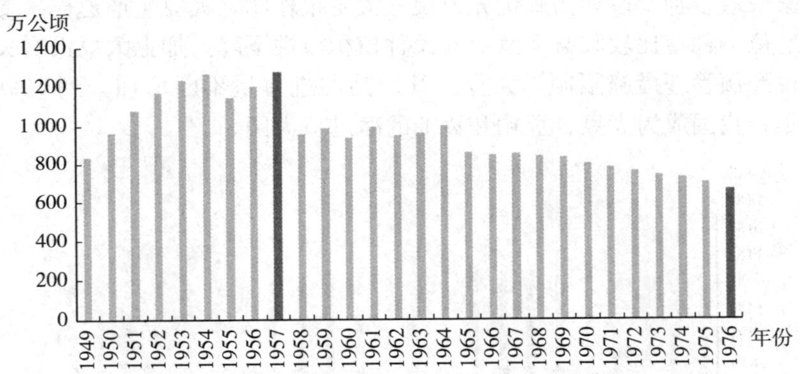

图 1-2　1949—1976 年我国大豆种植面积变化情况

数据来源：国家统计局。

改革开放初期，我国大豆种植面积约为 700 万公顷，之后几年恢复性增长，1981 年增长至 802.35 万公顷，80 年代在 728.61 万～844.50 万公顷波动；90 年代初，大豆种植面积波动较大，1991 年下降至 704.10 万公顷，1993 年再度增加至 945.41 万公顷，不过多数年份的种植面积在 750 万～850 万公顷（图 1-3）。总体来看，20 世纪 80—90 年代，大豆生产分别经历了 1983—1985 年和 1990—1992 年两个低潮期，种植面积下降到 800 万公顷以下水平，其他年份的种植面积多超过 800 万公顷，这一期间的生产从完全自给向基本自给、供需出现缺口逐步转变。尤其是进入 20 世纪 90 年代后，包括大豆在内的粮食市场发生了深刻变化。1993 年我国召开了发展大豆生产的工作会议，当年的大豆种植面积提高到 945.41 万公顷，较上年增加 30.9%。1994 年种植面积保持在

922.18 万公顷的相对高位上。此后几年，随着人口的增长，“吃饭”问题的压力越来越大，粮食生产成为农业发展的“重中之重”，生产政策上对玉米、小麦和稻谷建立了保护价制度，主粮的国家收购价和市场价的上涨幅度都明显高于大豆，贸易政策上对三大主粮实行限量登记、配额管理的办法；1996 年取消了大豆进口配额限制、放开大豆市场，允许低关税进口大豆。在这场“粮豆之争”中，国家采取多种手段和措施优先发展三大主粮作物，大豆生产退居次要地位，种植比较收益下滑，农民种植积极性下降，加上大豆没有关税配额管理措施限制，大豆及其产品的进口量不断增加，到 1996 年，我国成为大豆、豆粕和豆油的净进口大国。

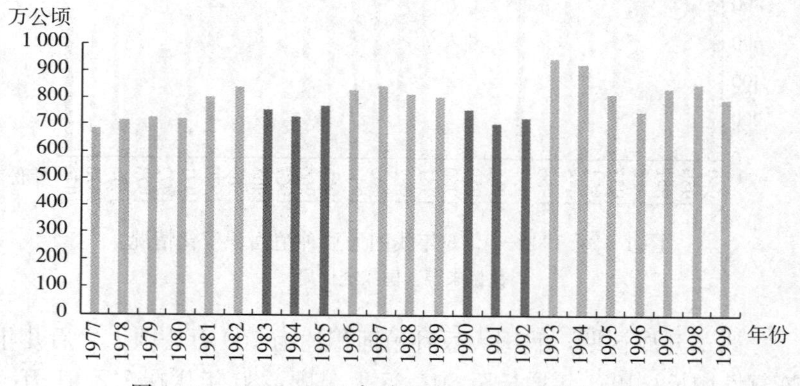

图 1-3　1977—1999 年我国大豆种植面积变化情况

数据来源：国家统计局。

进入 21 世纪，我国大豆生产基本可以分为三个阶段，即 2000—2009 年的第一阶段、2010—2015 年的第二阶段和 2016—2022 年的第三阶段（图 1-4）。第一阶段中，大豆种植面积绝大多数时间保持在 900 万公顷以上，只有 2002 年和 2007 年分别下降到 871.96 万公顷和 880.09 万公顷，其余年份在 923 万～959 万公顷，十年平均种植面积为 927 万公顷，是新中国成立以来生产最为稳定的一个时期。这一期间大豆生产的良性发展与政府的支持政策息息相关，2002 年实施了“大豆发展振兴计划”，主要通过加大国家保护和支持力度，以提高单产和品质为突破口，以技术创新和机制创新为动力，促进大豆规模化种植、专业化生产和产业化经营；中央财政从 2002 年起设立了大豆良种补贴专项资金，2002—2007 年共发放大豆良种补贴专项资金 7 亿元，累计补贴面积 7 000 万亩；2007 年出台《促进油料生产发展的意见》，扩大了大豆良种补贴规模，2008 年良种补贴规模扩大到 4 亿元，补贴面积 4 000 万亩，同年在东北三省和内蒙古自治区实行大豆临时收储政策；2009 年中央财政在稳定补贴标准的基础上进一步扩大补贴范围，实现了东北三省和内蒙古自治区大豆良种补贴全覆盖。政府补贴政策的积极实施是这一期间我国大豆生产稳定的主要原因。

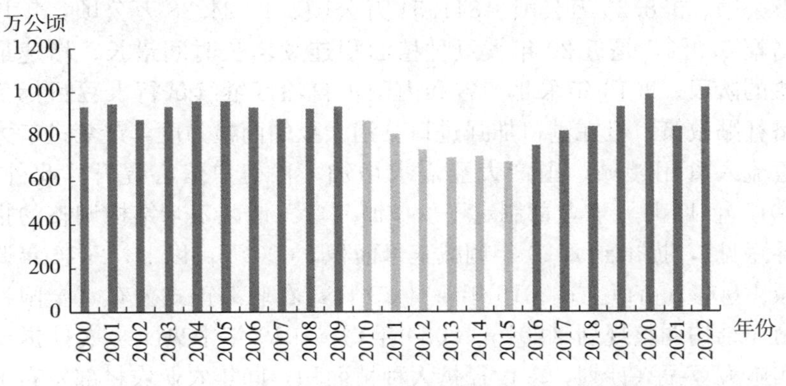

图 1-4　2000—2022 年我国大豆种植面积变化情况

数据来源：国家统计局。

第二阶段中，我国大豆种植面积连续下滑，2015 年降至历史次低水平（682.74 万公顷），该水平较 2009 年下降 26.9%，六年间的下降幅度超过“文化大革命”十年 20.6%的下降幅度。这一期间的种植面积在 683 万～870 万公顷，是改革开放以来波动幅度最大的一个时期，年平均种植面积 753 万公顷，显著低于 1949—2022 年 871 万公顷的均值。这一期间我国物价总水平大幅提高，农作物的种植成本明显增加，大豆补贴和价格上涨很难从根本上保证种植者的利益，大豆种植收益不断下降，不仅收益显著低于国内粮食和其他作物，而且生产成本也明显高于世界主要出口国的大豆生产成本，国产大豆受到国内竞争性作物及进口大豆的双重冲击。此外，2014年取消了东北三省和内蒙古自治区大豆临时收储政策，试点目标价格补贴政策，而玉米直到2016年才取消临时收储政策，稻谷持续实行最低收购价政策，政策差异化导致大豆与粮食作物的种植收益差距进一步加大，临储政策取消、产业链发展不完善让种植户再度面临“卖豆难”的问题，因此农民种植大豆的积极性不断降低，直到2015年种植面积创下历史性低点。

第三阶段中，大豆种植面积再度恢复性增长，这七年的种植面积分别为759.85万公顷、824.48万公顷、841.28万公顷、933.17万公顷、988.25万公顷、841.54万公顷、1 024.38万公顷，年均增幅6.0%，是近20年大豆种植面积连续增长时间最长、增速最快的阶段。2016年东北三省和内蒙古自治区继续试行大豆目标价格补贴政策，且在港口加强进口分销大豆的商检力度，严禁进口大豆流入食用领域，国产大豆需求增加，种植户信心提升。此外，2015年11月，农业部制定了《“镰刀弯”地区玉米结构调整的指导意见》，提出到2020年调减玉米面积5 000万亩以上，2016年调减1 000万亩以上；2016年4月28日，农业部正式公布《全国种植业结构调整规划（2016—2020年）》；2019年中央1号文件提出实施大豆振兴计划，多途径扩大种植面积，同年农业农村部发布了《大豆振兴计划实施方案》。2016—2020年，玉米种植面积有序调减，大豆种植面积恢复性增加。2021年玉米市场形势发生了较大变化，在连续五年的去库存和种植面积调减政策措施影响下，玉米供需形势由供大于求转向供应偏紧，玉米价格快速上涨，种植比较效益优势重新显现，而大豆和玉米种植面积通常是此消彼长，玉米扩种后大豆面积受到了一定影响，2021年大豆种植面积出现下降。2022年中央1号文件提出，深入推进大豆和油料产能提升工程，多措并举、综合施策，推动大豆和油料扩种。东北地区大力推广粮豆轮作，扩大净作大豆面积，在黄淮海、西北、西南和长江中下游地区推广大豆玉米带状复合种植，通过间作套种、高低作物搭配，充分发挥边行优势，基本实现“玉米不减产、增产一季大豆”的目标。2022年大豆面积达到1 024.38万公顷，较上年增加了182.84万公顷，为1965年以来大豆种植面积首次恢复到1 000万公顷以上。

（二）重点区域大豆种植面积变化情况

1. 春大豆产区——东北三省和内蒙古自治区

黑龙江、吉林、辽宁三省和内蒙古自治区是我国最重要的大豆生产区域，也是北方春大豆产区。1949—1999年，这一区域的大豆种植面积一直保持相对平稳，年均种植面积为312万公顷，占全国总面积的比例从不足30%上升到40%以上。2000—2009年，该区域的大豆种植面积显著增长，2009年达到569万公顷，比1999增加229万公顷，增幅67.3%，占全国总面积的比例达到61.0%。2010—2015年连续六年震荡下滑，2015年降至372万公顷，与1949—1999年的年均种植面积相当，占全国总面积的比例下降到54.4%。2016—2020年连续五年恢复性增长，2020年的种植面积已恢复至646万公顷。2021年因玉米种植面积增加，大豆种植面积略有下降，但是占全国总面积的比例连续三年回升到60%以上（图1-5）。

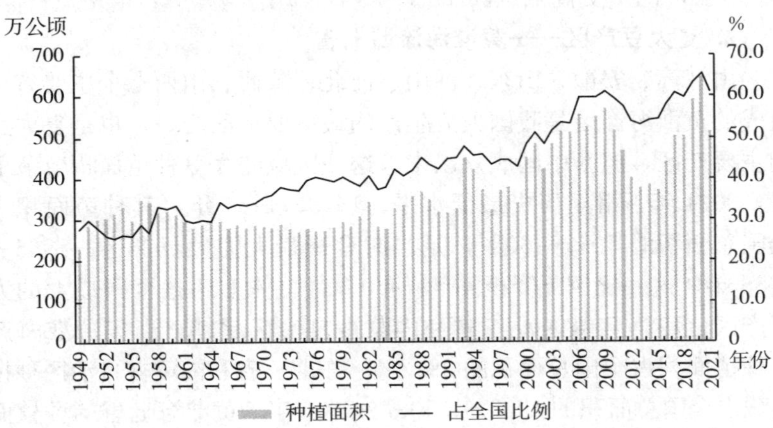

图1-5　1949—2021年东北三省和内蒙古自治区大豆种植面积及占全国比例

数据来源：国家统计局。

根据2021年的分省数据，这一区域中，黑龙江省的种植面积最大，占整个区域的75.7%；其次是内蒙古自治区，占17.4%；第三是吉林省，占4.9%；第四是辽宁省，占2.0%（图1-6）。

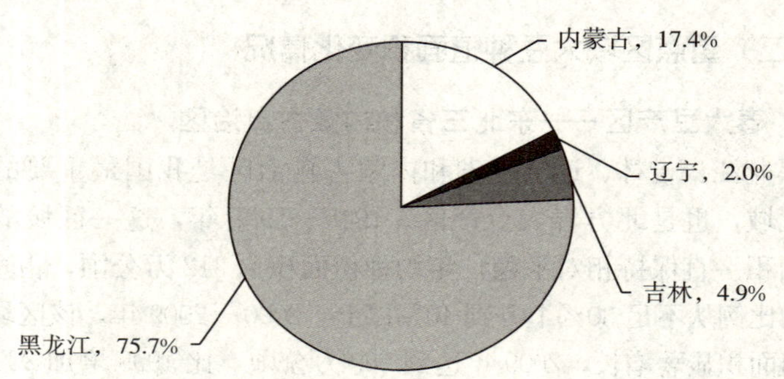

图1-6　2021年东北三省和内蒙古自治区大豆种植面积比例

数据来源：国家统计局。

作为全国最重要的大豆主产省，黑龙江大豆种植面积分别在2004年、2005年、2007年、2008年、2009年、2017年、2018年、2019年、2020年和2021年超过500万公顷，并在2020年达到约646万公顷的历史高点（图1-7）。

2. 夏大豆产区——黄淮海流域七省

由江苏、安徽、山东、河南、河北、陕西、山西七个主要省份组成的黄淮海产区是我国大豆生产的最重要地区之一，也是夏大豆的主要产区，但新中国成立以来，这一区域的大豆种植面积节节下滑，2021年下滑至历史最低水平。1949—1964年，其种植面积占全国总面积的50%～60%，是当时全国最大的大豆产区；1965—1986年，这一比例下降至40%～50%，总体上还是全国最大的大豆产区；1985年被东北三省和内蒙古自治区超越，当年黄淮海产区种植面积占全国总面积的39.2%，东北三省和内蒙古自治区种植面积占全国总面积的42.2%；1987—2000年，黄淮海七省的种植面积占全国总面积的比例继续下降至30%～40%，完全被东北三省和内蒙古自治区赶超，成为全国第二大产区；2000—2016年，种植

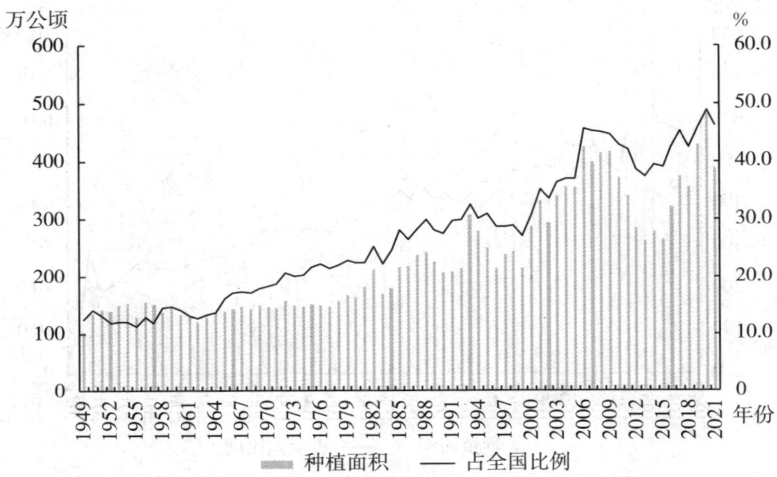

图 1-7　1949—2021 年黑龙江大豆种植面积及占全国比例

数据来源：国家统计局。

面积占比下降至 20%～30%；2017 年、2018 年甚至下降至 20%左右，2019 年种植面积占比短暂回升到 29.5%后，2020 年、2021 年下降至 15%以下（图 1-8）。

根据 2021 年分省数据，安徽、河南、江苏、山东、陕西、山西、河北的大豆种植面积分别为 58.7 万公顷、33.3 万公顷、19.3 万公顷、18.2 万公顷、15.1 万公顷、9.2 万公顷、6.7 万公顷，占该地区总面积的比例分别为 36.6%、20.7%、12.0%、11.4%、9.4%、5.7%、4.2%（图 1-9）。

从黄淮海流域七个主要大豆生产省份种植面积的发展轨迹来看，山东省的下降幅度最大，其次是河北省。其中山东省在新中国成立初期大豆种植面积占全国总面积的 23.0%，远远高于黑龙江 12.4%的比例，是全国大豆种植面积最大的省份。之后一路下滑，1975 年占比下降到 10.6%，2000 年下降到 4.9%，2017 年下降到 1.5%，2018—2021 年占比略有上升，2021 年占比 2.2%。河北省大豆种植面积最大是在 20 世纪 70 年代之前，占全国总面积的比例

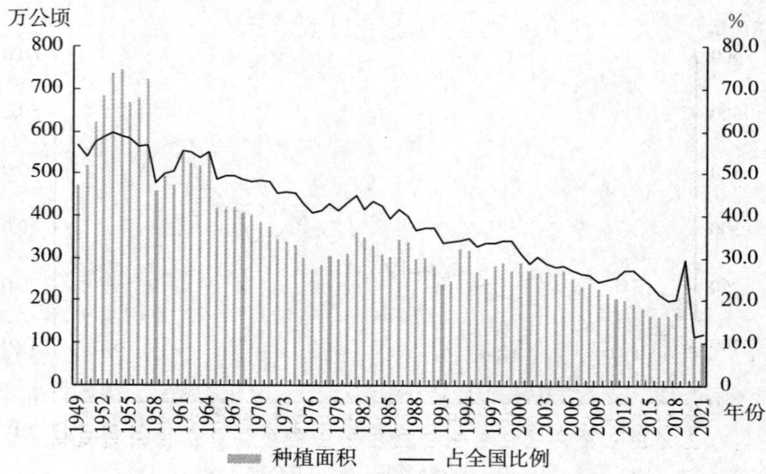

图 1-8　黄淮海七省大豆种植面积及占全国比例

数据来源：国家统计局。

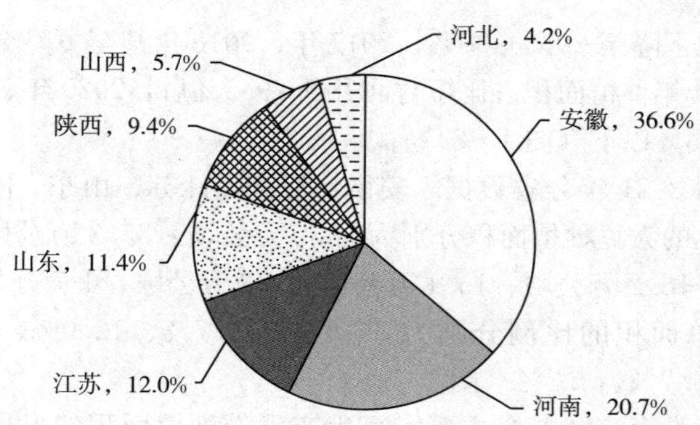

图 1-9　2021 年黄淮海七省大豆种植面积比例

数据来源：国家统计局。

为 5%～7%，最高比例出现在 1964 年，达到 6.9%，1974—1985 年占比 3%～4%，1986—2001 年占比再度恢复至 4%～7%，2002 年至今不间断下滑，2021 年下降至 0.8%的历史最低水平。河北和山东两省作为黄淮海流域曾经的大豆生产大省发展到如今的局面，主要原因是大豆种植无利可图，且缺乏政策支持。

1949—2021 年，河南省大豆年均种植面积 81 万公顷，占全国总面积的平均比例为 9.3%；2000—2021 年，年均种植面积 45 万公顷，占全国平均比例为 5.2%。总体上，河南省的大豆种植面积震荡下滑，尤其是 21 世纪以来下滑速度加快。1950—1964 年，河南省种植面积维持在 100 万公顷以上，1956 年达到 173 万公顷的最高水平；1965—1980 年，在 75 万～92 万公顷波动；1981—1983 年，连续三年短暂回升到 100 万公顷以上；1984—1999 年，在 50 万～97 万公顷剧烈变动；2000—2021 年波动下降，2021 年降至 33.3 万公顷，比 2000 年下降 41.0%。

相比之下，安徽、江苏、陕西和山西四省的大豆生产相对平稳。其中安徽大豆种植面积在 20 世纪 50 年代末下降到约 55 万公顷后，一直到 1988 年都围绕 60 万公顷波动，年际变化不大；90 年代经历了一个低谷阶段；进入 21 世纪，种植面积连续增加，2008 年达到 93 万公顷的历史高点，此后连年回落，2021 年下降至 59 万公顷，占全国总面积的比例为 7.0%，同年被内蒙古超过，下滑至全国第三位。江苏省大豆种植面积最高曾达 100 万公顷以上，经过持续性下滑，2000 年以来基本保持在 20 万～25 万公顷，2021 年降至 19.3 万公顷的历史低位。陕西和山西种植面积相较于区域内其他几省偏少，生产相对稳定，历史上种植面积占全国总面积的比例均在 2%～3%，但 2015 年以来占比下降，其中陕西省于 2017 年下降至 1.8%，此后一直保持在 2%以下，2021 年占 1.8%；山西省自 2016 年占比连续六年下降至 2%以下，2021 年占比仅为 1.1%（图 1-10）。

3. 间作、套种和带状种植区——南方十省

随着农业人口向非农产业的转移，农村青壮年外出务工，留守劳动力多是老人和妇女，一些费工、劳动强度大的种植模式，如南方的“麦—玉—薯”间作套种已经不能适应农村形势，而大豆由于耐瘠薄、适应性强、投入少、生产过程简单、省工省力、易于管理、比较效益高，在南方发展较好。华南甘蔗、木薯与大豆间作的

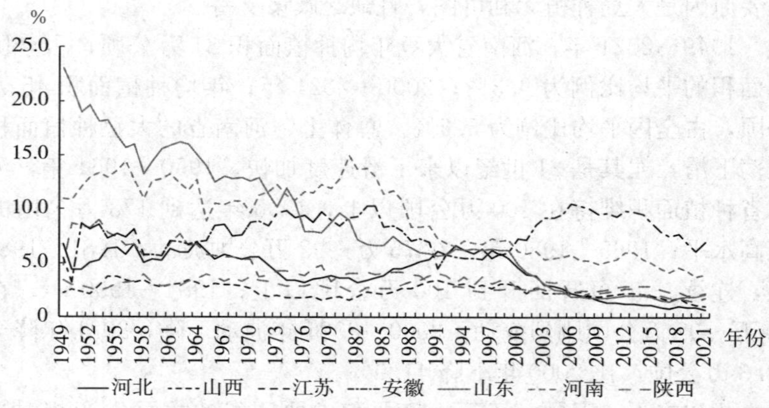

图 1-10　1949—2021 年黄淮海七省大豆种植面积占全国比例变化情况

数据来源：国家统计局。

模式，压制了杂草，减少了除草用工，大豆种子和肥料投入少，相对于花生等其他可间套的作物，大豆省工节本的优势非常突出。广西春玉米和大豆套种的模式，可以免耕播种，利用玉米残留肥料，不需施肥，成本较低。在省工节本的同时，套种还可以进行机械收获，这种轻简种植模式对南方大豆发展十分有利。近年来，南方土地集中经营规模扩大，农业机械化水平不断提高，为发展农机农艺配套的标准化间套作大豆生产提供了便利，从而降低了人工投入，提高了种植效益。因此，南方地区的大豆种植面积相对平稳，只在 2006—2015 年出现过种植低谷，自 2016 年开始已经基本恢复到前期水平。1949—2021 年，浙江、福建、江西、湖北、湖南、广东、广西、四川、贵州、云南等南方十个省份的大豆年均种植面积为 136 万公顷。其中 1949—2005 年比较稳定，年际变动不大；2006—2015 年种植面积明显下滑，2006 年下降至 95 万公顷的历史最低水平，主要是湖北、湖南、广东、广西种植面积大幅下滑；2016—2021 年，湖北、湖南和广西种植面积有所恢复，2021 年分别为 22.4 万公顷、11.8 万公顷和 10.2 万公顷；广东种植面积基本保持低位，2017 年下降至 3.1 万公顷的最低水平，2021 年为

3.2 万公顷；福建种植面积 2016 年下降至 2.9 万公顷的历史最低位，之后恢复性增长，2021 年增至 3.5 万公顷；而西南三省种植面积则震荡上升（图 1－11）。

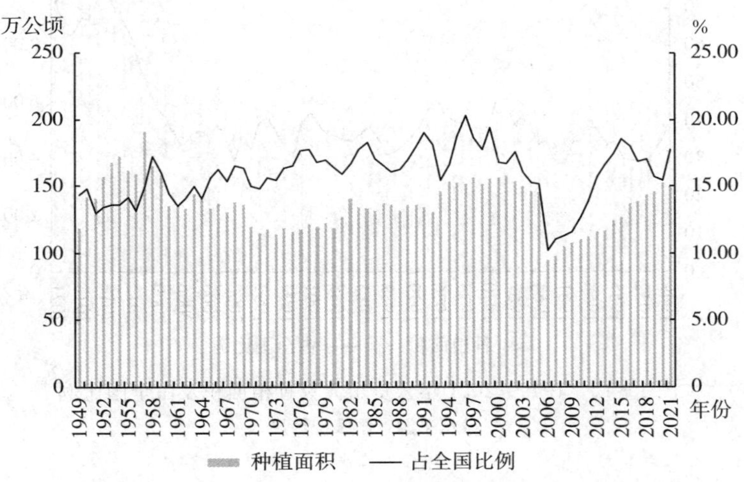

图 1－11　1949—2021 年南方十省大豆种植面积及占全国比例
数据来源：国家统计局。

四川、云南、贵州等西南山区大豆种植面积常年稳定在 40 万～50 万公顷，自 2012 年开始增加到 60 万公顷以上，2021 年增加至 83.1 万公顷。由于南方地区生猪散养数量不断减少，作为散养重要饲料的红薯面积急剧下滑，大豆—玉米套作种植逐渐取代红薯—玉米套作种植。此外，田埂豆、果茶园套种大豆及稻田特别是杂交稻制种田复种秋豆在西南地区也被广泛采用。因此，在之前长期稳定的种植基础上，2012 年开始，云贵川三省大豆种植无论是种植面积还是占全国总面积的比例都明显增长，整体发展态势较好。2020 年云贵川三省的大豆种植面积达到 83.1 万公顷的历史最高水平，占全国总面积的比例为 8.4%；2021 年的种植面积略微下降至 80.5 万公顷，但占全国总面积的比例升至 9.6%，与 2016 年的占比持平，仅略低于 2015 年 10.0%的占比水平（图 1－12）。

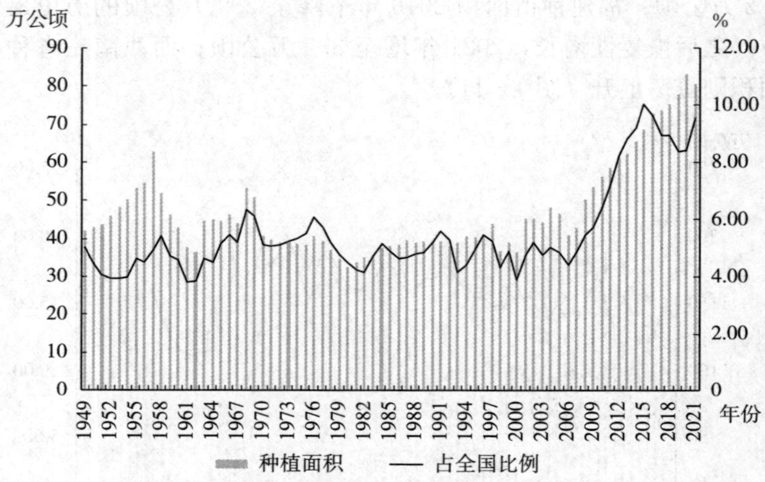

图 1-12　1949—2021 年云贵川大豆种植面积及占全国比例

数据来源：国家统计局。

二、中国大豆产量和产值的历史变化

（一）全国大豆单位面积产量变化及原因分析

1949—2022 年，我国大豆年均单产为 1.32 吨/公顷，其中 2020 年的单位面积产量为历年最高，达到 1.98 吨/公顷；1949 年的单位面积产量为历年最低，仅 0.61 吨/公顷。总体上，新中国成立以来我国大豆单产震荡走高，年均增长率 1.6%（图 1-13）。

2000—2022 年，我国大豆年均单位面积产量 1.78 吨/公顷，与同期全球大豆平均单产及美国、巴西、阿根廷等其他主产国单产相比，明显偏低。其中全球大豆平均单产为 2.54 吨/公顷，美国大豆平均单产为 2.98 吨/公顷，巴西大豆平均单产为 2.97 吨/公顷，阿根廷大豆平均单产为 2.70 吨/公顷，分别比中国大豆平均单产高 0.76 吨/公顷、1.20 吨/公顷、1.19 吨/公顷、0.92 吨/公顷（图 1-14）。

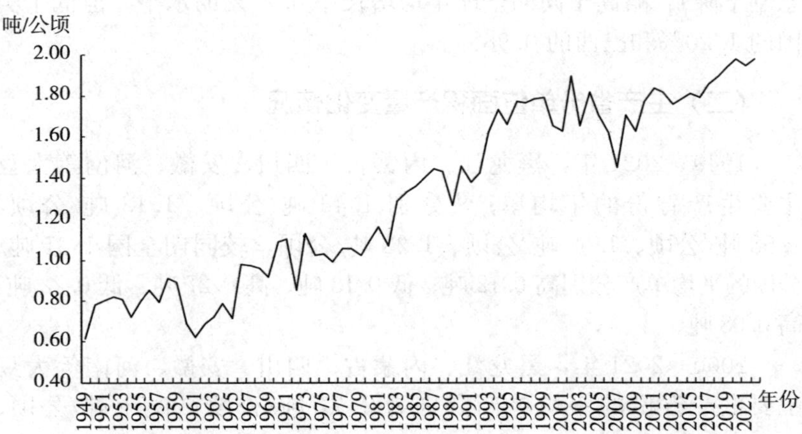

图 1-13　1949—2022 年我国大豆单产变化情况

数据来源：国家统计局。

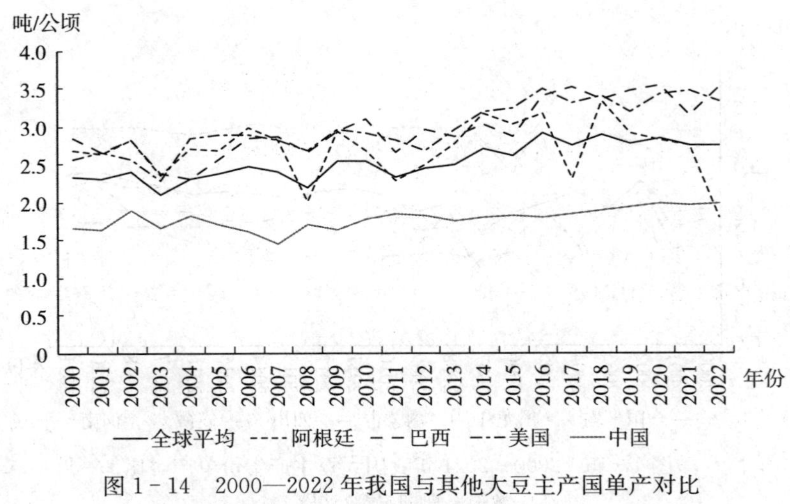

图 1-14　2000—2022 年我国与其他大豆主产国单产对比

数据来源：国家统计局、美国农业部。

2000—2022 年，我国大豆单产年均增长率为 0.82%，高于阿根廷的年均增长率-1.78%（阿根廷 2022 年受干旱天气影响单产急剧下降），略高于同期全球年均增长率 0.77%的水平，但低于美国的 1.20%和巴西的 0.98%。

（二）主产省份单位面积产量变化情况

1949—2021 年，黑龙江、内蒙古、四川、安徽、河南等大豆主要生产省份的年均单产[①]分别 1.43 吨/公顷、1.13 吨/公顷、1.58 吨/公顷、1.09 吨/公顷、1.23 吨/公顷，较同期全国 1.31 吨/公顷的平均单产分别高 0.12 吨、低 0.18 吨、高 0.27 吨、低 0.22 吨、高 0.08 吨。

2000—2021 年，黑龙江、内蒙古、四川、安徽、河南等大豆主要生产省份的年均单产分别为 1.71 吨/公顷、1.51 吨/公顷、2.30 吨/公顷、1.36 吨/公顷、1.78 吨/公顷，与同期全国 1.77 吨/公顷的平均单产相比，每公顷分别低 0.07 吨、低 0.26 吨、高 0.53 吨、低 0.41 吨、持平（图 1-15）。

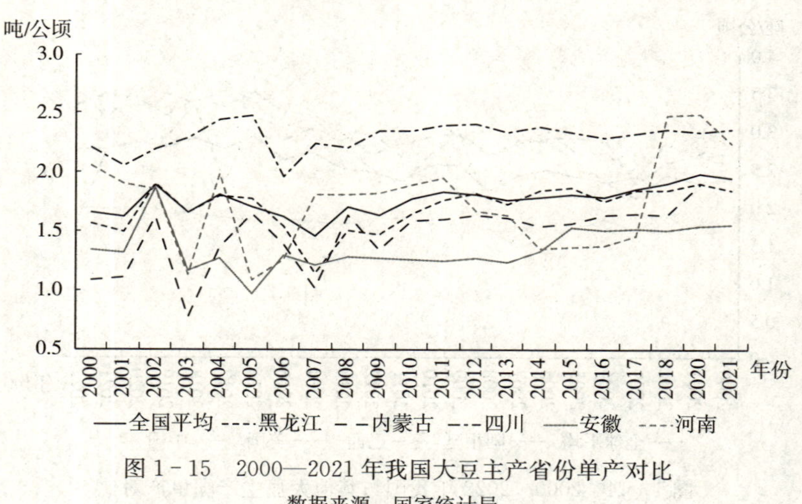

图 1-15　2000—2021 年我国大豆主产省份单产对比

数据来源：国家统计局。

① 各省大豆单产=各省大豆总产/各省大豆种植面积。

（三）全国大豆总产量变化情况及原因分析

1949—2022 年，我国大豆年平均产量为 1 129 万吨，其中 2022 年的产量为历年最高，达到 2 029 万吨；1949 年的产量为历年最低，仅 509 万吨。1949—1984 年的全国大豆产量基本在 1 000 万吨以下，由于育种、栽培和田间管理技术水平落后，年均单位面积产量只有 0.92 吨/公顷，大豆产量高低与种植面积多少关系密切，这一期间的种植面积一直处于相对较高水平，但只有 1956 年和 1957 年两年的产量达到了 1 000 万吨左右，这两年的种植面积处于历史高位。1985—2022 年，除个别年份外，全国大豆年产量均在 1 000 万吨以上水平，尤其是 1993—2012 年，多数年份的大豆产量都在 1 300 万～1 500 万吨，产量维持在相对稳定的水平。2013—2015 年，种植面积连续下滑，产量也有所下降，但最低水平也保持在 1 200 万吨附近，2017 年再度恢复至 1 500 万吨以上。2018—2022 年的全国大豆总产量分别达 1 597 万吨、1 809 万吨、1 960 万吨、1 640 万吨、2 029 万吨，年均增长率 6.7%，高于 21 世纪以来 2.1%的年均增长率，也高于新中国成立以来 2.8%的年均增长率。

从 1949—2022 年我国大豆产量和面积之间的相关性系数来看，产量和面积的相关性逐渐降低。1949—1980 年，大豆产量主要由种植面积决定；20 世纪 80 年代初，二者的相关性系数下降到 50% 左右，种植面积和单产对最终产量的决定性作用基本各占一半；此后产量和种植面积的相关性系数不断下降，并保持在 50% 以下（图 1 - 16），种植面积对产量的影响越来越小，产量高低更多受到单产的制约。

1949—1984 年，由于我国大豆单产水平偏低，总产量更多取决于种植面积情况。这一期间，1957 年的种植面积最大，为 1 275 万公顷，当年产量为 1 005 万吨，仅次于 1956 年的 1 024 万吨，是这一时期的第二高产量；1949 年的种植面积最小，为 832 万公顷，当年产量为 509 万吨。1985 年至今，我国大豆种植技术水平不断

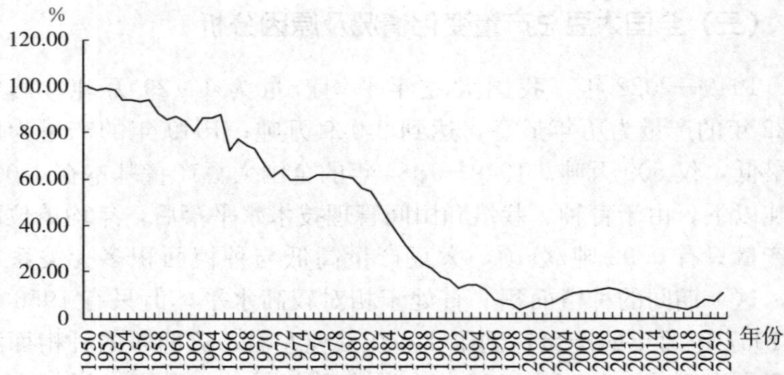

图 1-16　1949—2022 年我国大豆产量和面积相关性系数变化情况
数据来源：国家统计局。

提高，年均单产 1.69 吨/公顷，比 1949—1984 年的年均单产增加了 0.77 吨（增幅 83.6%），这一期间的单位面积产量对总产量具有决定性作用。其中，2022 年单产达 1.98 吨/公顷，仅比 2020 年的历史最高水平略低 3.5 千克，处于这一期间的相对高位；1991 年的产量最低，为 971 万吨，当年的单产为 1.38 吨/公顷，仅略高于 1985 年的 1.36 吨和 1989 年的 1.27 吨，处于这一期间的相对低位。2000—2022 年，我国大豆产量和单产水平总体保持上升趋势，年均产量 1 546 万吨，年均单产 1.78 吨/公顷，高于 1985—1999 年的年均产量 1 262 万吨和年均单产 1.55 吨/公顷，更是远高于 1949—1984 年的产均产量 806 万吨和年均单产 0.92 吨/公顷（图 1-17）。

（四）主产省份大豆总产量变化情况

1949—2021 年，黑龙江、内蒙古、四川、安徽、河南五个主产省份中，黑龙江的大豆产量遥遥领先，年均产量 348 万吨，内蒙古年均产量 58 万吨，四川年均产量 37 万吨，安徽年均产量 73 万吨，河南年均产量 85 万吨。黑龙江的大豆产量总体不断提高，内蒙古近年增长幅度较大，四川缓慢增加，安徽近年有所提升，但幅度有限，河南近几年恢复性增长（图 1-18）。

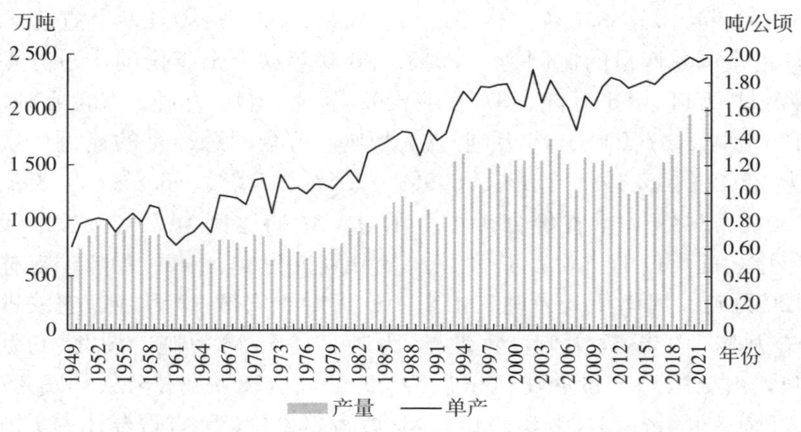

图 1-17　1949—2022 年我国大豆产量和单产变化关系

数据来源：国家统计局。

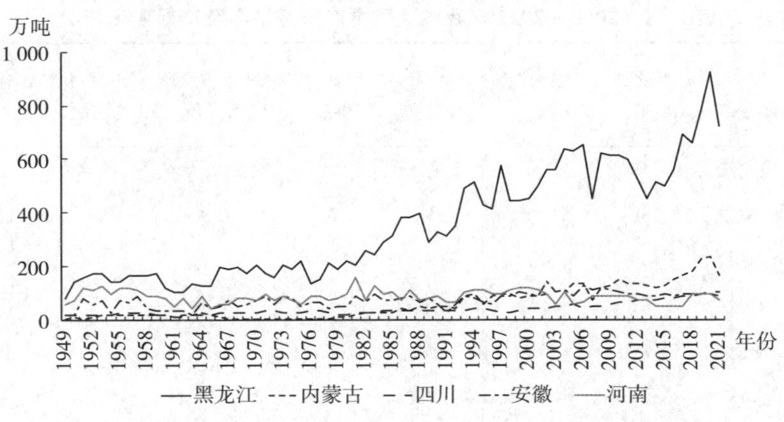

图 1-18　1949—2021 年我国部分大豆主产省产量变化情况

数据来源：国家统计局。

2021 年排名前十位的省份及其大豆产量分别为黑龙江 719 万吨、内蒙古 169 万吨、四川 104 万吨、安徽 91 万吨、河南 75 万吨、吉林 55 万吨、山东 54 万吨、江苏 51 万吨、湖北 37 万吨、湖南 32 万吨，占全国总产量的比例依次为 43.8％、10.3％、6.4％、

5.5%、4.6%、3.3%、3.3%、3.1%、2.3%、1.9%，十省份合计占全国总产量的比例为 84.5%。2000 年这十个省份的产量分别为 450 万吨、86 万吨、37 万吨、92 万吨、116 万吨、120 万吨、105 万吨、67 万吨、46 万吨、43 万吨，占全国总产量的比例依次为 29.2%、5.6%、2.4%、5.9%、7.5%、7.8%、6.8%、4.3%、3.0%、2.8%，十省份合计占全国总产量的比例为 75.3%。2000 年排名前十位的省份及其大豆产量分别为黑龙江 450 万吨、吉林 120 万吨、河南 116 万吨、山东 105 万吨、安徽 92 万吨、内蒙古 86 万吨、江苏 67 万吨、河北 63 万吨、辽宁 48 万吨、湖北 46 万吨，占全国总产量的比例依次为 29.2%、7.8%、7.5%、6.8%、5.9%、5.6%、4.3%、4.1%、3.1%、3.0%，十省份合计占全国总产量的比例为 77.3%（表 1-1）。经过近 20 年的发展变化，不仅排名前十位的主产省份有所变化，产量的集中度也更高一些。

表 1-1　2000—2021 年我国大豆主产省区排名及产量变化情况

2021 年前十位	产量（万吨）	占全国比例（%）	2000 年前十位	产量（万吨）	2000 年占全国比例（%）	2021 年占全国比例（%）
黑龙江	719	43.8	黑龙江	450	29.2	43.8
内蒙古	169	10.3	吉林	120	7.8	3.3
四川	104	6.4	河南	116	7.5	4.6
安徽	91	5.5	山东	105	6.8	3.3
河南	75	4.6	安徽	92	5.9	5.5
吉林	55	3.3	内蒙古	86	5.6	10.3
山东	54	3.3	江苏	67	4.3	3.1
江苏	51	3.1	河北	63	4.1	1.0
湖北	37	2.3	辽宁	48	3.1	1.5
湖南	32	1.9	湖北	46	3.0	2.3
全国	1 640	84.5	全国	1 541	77.3	78.7

（五）全国大豆总产值变化情况及原因分析

2000—2021年，我国大豆产业总产值分别为316.7亿元、298.1亿元、364.6亿元、453.3亿元、490.8亿元、419.7亿元、379.3亿元、529.8亿元、578.9亿元、560.8亿元、596.7亿元、607.5亿元、635.2亿元、581.5亿元、556.7亿元、490.0亿元、517.2亿元、575.4亿元、584.7亿元、678.7亿元、952.5亿元、952.6亿元，整体表现不稳定，其中2001年最低，较上一年下降18.6亿元，降幅5.9%；2021年的总产值达到近年最高水平952.6亿元，较上年增加0.1亿元，较2000年增加535.9亿元，增加1.5倍。2013—2015年，大豆价格和产量同步下降，导致总产值连续三年下滑，其中2014年总产值同比下降24.9亿元，降幅4.3%，2015年总产值同比下降66.6亿元，降幅12.0%。2016年大豆价格继续下跌，但产量恢复性增长，带动大豆总产值回升至517.2亿元，同比增长27.3亿元或5.5%。2017年、2018年大豆价格持续下跌，2019年起大豆价格开始上涨，2021年达到这一期间的最高值，虽然2021年的产量下降，但大豆总产值还是达到了峰值952.6亿元（图1-19）。

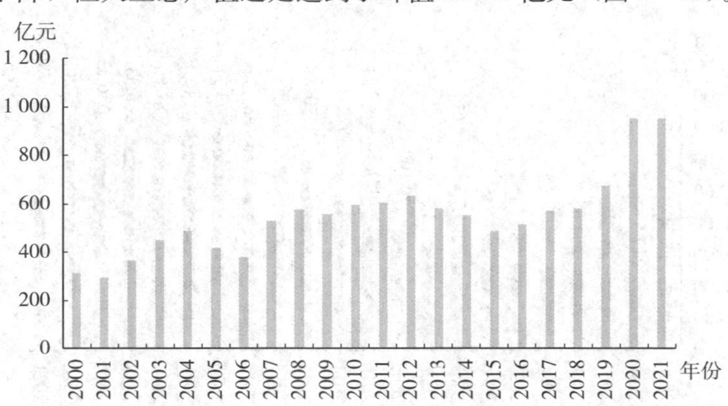

图1-19　2000—2021年我国大豆产业总产值变化情况

数据来源：国家发展改革委价格司编《全国农产品成本收益资料汇编》（2001—2022年）。

注：大豆产业总产值=50千克主产品销售均价×总产量。

三、大豆生产成本及比较效益分析

（一）全国大豆生产成本变化及原因分析

我国大豆作物总成本整体呈持续上升态势，2000—2021年，全国大豆总成本累计增长约2.6倍。其中2006年之前，大豆每亩生产成本波动较小，2006年较2005年甚至有所下降，2000—2006年大豆生产成本低于每亩200元，分别为172.02元、174.87元、185.38元、197.83元、190.91元、195.32元、191.58元。2007—2012年总成本加速上涨，这一期间的总成本年增长率分别为9.1%、19.3%、8.7%、14.0%、13.4%、18.3%。2013—2018年，由于物质与服务费用趋于平稳、人工成本和土地成本仅微幅增长，大豆总成本增幅逐渐放缓，其中2013—2016年生产成本微幅增长，年增长率分别为8.2%、6.6%、1.1%、0.6%；2017—2018年生产成本微幅下降，分别下降1.4%、0.4%。2019—2021年，随着物质与服务费用、人工成本和土地成本的增加，总成本也随之增加，年增长率分别为3.0%、5.0%、8.4%（图1-20）。

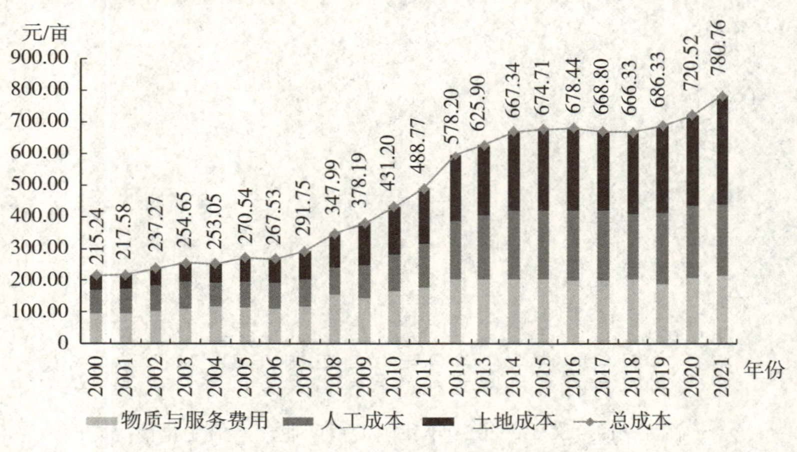

图1-20　2000—2021年全国大豆成本变化情况

数据来源：国家发展改革委价格司编《全国农产品成本收益资料汇编》(2001—2022年)。

（二）全国大豆生产效益变化及原因分析

2000—2016 年，我国大豆成本持续增长，而利润增长不稳定，2008 年之后成本增速明显快于利润增速，导致成本利润率从 2008 年起连续下滑。尽管从 2008 年起开始实行大豆临时收储政策，但由于成本增速过快，利润率一路走低的轨迹并未发生改变。2014—2016 年，大豆临储收购政策取消，在东北三省和内蒙古自治区开始实行目标价格补贴政策试点，大豆价格进一步下滑，成本利润率跌至负值。2000—2016 年，我国大豆作物每亩地的成本利润率分别为 21.5％、12.2％、30.3％、43.9％、50.2％、30.1％、25.4％、60.1％、51.3％、28.4％、36.0％、25.0％、22.3％、5.4％、－3.9％、－17.1％、－30.9％。2017—2021 年，东北三省和内蒙古自治区开始实行生产者补贴政策，这一期间我国大豆作物每亩地的成本利润率分别为－19.6％、－28.8％、－28.3％、－8.4％、5.4％（图 1－21）。

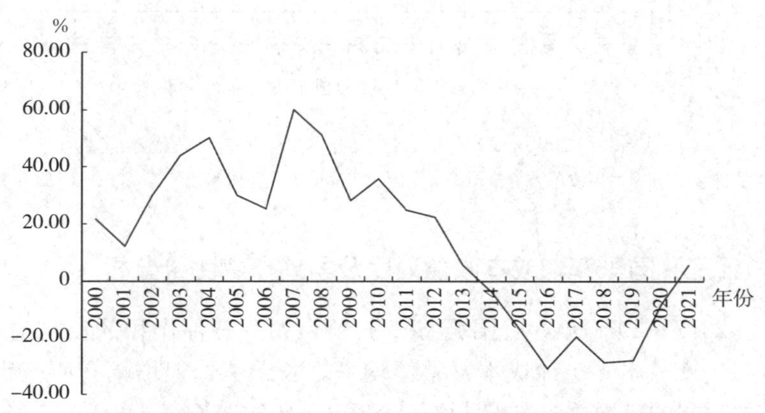

图 1－21　2000—2021 年我国大豆亩均成本利润率

数据来源：国家发展改革委价格司编《全国农产品成本收益资料汇编》（2001—2022 年）。

在我国大豆生产成本连续上升的同时，其平均出售价格并未同步上涨，尤其是 2014 年取消大豆临储收购政策并在东北三省一区实行目标价格补贴政策试点之后，大豆收购完全市场化，受低价进口大豆冲击，销售价格显著下滑。2014—2021年，每50千克主产品的平均出售价格分别为219.41元、198.12元、190.20元、188.26元、183.09元、187.58元、242.97元、290.51元，同比分别下跌6.4%、9.7%、4.0%、1.0%、2.7%，上涨2.5%、29.5%、19.6%；每50千克主产品的净利润变化值分别为−8.80元、−40.74元、−85.16元、−45.81元、−74.13元、−73.97元、−22.20元、14.91元，同比下降173.5%、增长3.6倍、增长1.1倍、下降46.2%、增长61.8%、下降0.2%、下降70.0%、下降167.2%（图1-22）。

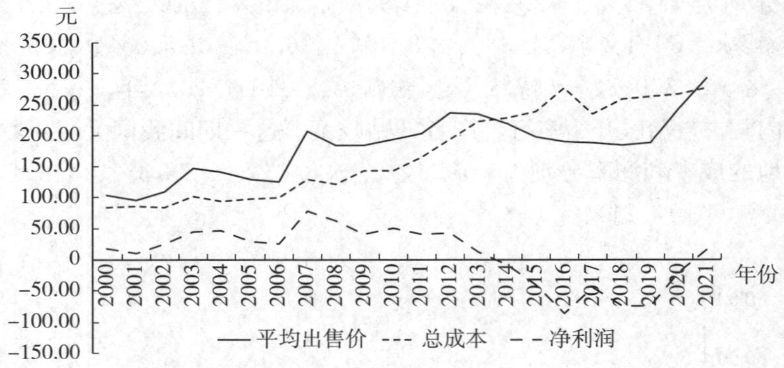

图1-22　2000—2021年我国大豆50千克主产品成本收益

数据来源：国家发展改革委价格司编《全国农产品成本收益资料汇编》（2001—2022年）。

（三）同季作物成本收益对比及争地作物比价分析

2007—2021年，我国稻谷、玉米和大豆三种作物的亩均总成本（生产成本+土地成本）整体均呈增长趋势，但增幅有所区别。其中稻谷的亩均总成本累计增长1.3倍，年均增长率6.2%；玉米的亩均总成本累计增长1.6倍，年均增长率6.9%；大豆的亩均总成本累计增长1.7倍，年均增长率7.3%。与总成本的持续性增长不同，三种作物总收入的增长并不持续，其间也有波动，且增速远远低于成本增速。其中稻谷的亩均总收入累计增长67.6%，年均增长率

3.8%；玉米的亩均总收入累计增长1.0倍，年均增长率5.1%；大豆的亩均总收入累计增长76.2%，年均增长率4.1%（表1-2）。

表1-2　2007—2021年我国三种作物成本收益情况对比

单位：元/亩

年份	稻谷总成本	玉米总成本	大豆总成本	稻谷总收入	玉米总收入	大豆总收入
2007	555.16	449.70	291.75	784.29	650.52	466.96
2008	665.10	523.45	347.99	900.72	682.67	526.44
2009	683.12	551.10	378.19	934.32	726.47	485.71
2010	766.63	632.59	431.20	1 076.45	872.28	586.35
2011	896.98	764.23	488.77	1 268.25	1 027.32	610.72
2012	1 055.10	924.22	578.20	1 340.83	1 121.90	706.83
2013	1 151.11	1 012.04	625.90	1 305.90	1 089.56	659.58
2014	1 176.55	1 063.89	667.34	1 381.38	1 145.71	641.61
2015	1 202.12	1 083.72	674.71	1 377.52	949.54	559.62
2016	1 201.81	1 065.59	678.44	1 343.77	765.89	468.63
2017	1 210.19	1 026.48	668.8	1 342.74	850.69	537.91
2018	1 223.64	1 044.82	666.33	1 289.53	881.48	474.29
2019	1 241.77	1 055.67	686.33	1 262.21	928.90	492.23
2020	1 253.52	1 079.98	720.52	1 302.51	1 187.82	660.19
2021	1 281.25	1 148.82	780.76	1 314.24	1 310.89	822.99

全国稻谷、玉米、大豆三种作物中，每亩稻谷的净利润一直最高，2007—2016年，亩均净利润保持在140元以上水平，这与主产区长期坚持最低收购价政策关系较大；其次是玉米，2007—2012年的亩均净利润在150元以上，之后临储收购价停止上调，2016年开始取消该政策，实行市场化收购，因此2013—2016年净利润逐渐下降，2015—2016年净利润更是转为负值；最后是大豆，2007—2013年大豆的亩均净利润在三种作物中最低，2014年率先停止临储收购价政策，改为在东北三省和内蒙古自治区实行目标价

格补贴政策试点，同年起，亩均净利润转为负值，随着收购价格的下滑，亏损幅度逐渐拉大（图 1-23）。

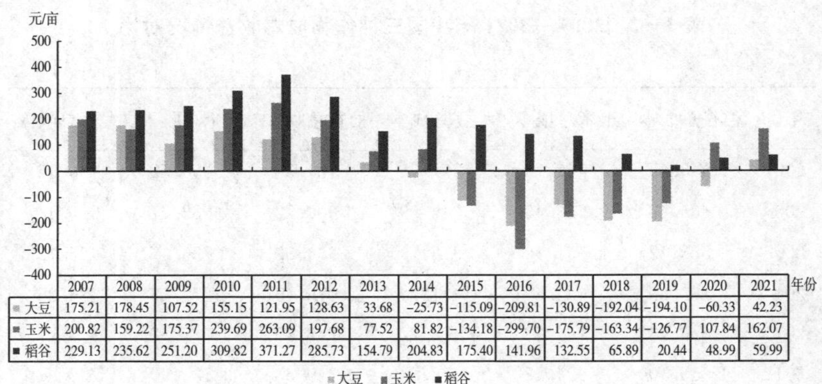

	2007	2008	2009	2010	2011	2012	2013	2014	2015	2016	2017	2018	2019	2020	2021
大豆	175.21	178.45	107.52	155.15	121.95	128.63	33.68	−25.73	−115.09	−209.81	−130.89	−192.04	−194.10	−60.33	42.23
玉米	200.82	159.22	175.37	239.69	263.09	197.68	77.52	81.82	−134.18	−299.70	−175.79	−163.34	−126.77	107.84	162.07
稻谷	229.13	235.62	251.20	309.82	371.27	285.73	154.79	204.83	175.40	141.96	132.55	65.89	20.44	48.99	59.99

图 1-23　2007—2021 年全国三种作物亩均净利润对比情况

数据来源：国家发展改革委价格司编《全国农产品成本收益资料汇编》（2001—2022 年）。

黑龙江是粳稻、玉米和大豆三种竞争性作物的主要产区，从 2012—2016 年的亩均净利润来看，黑龙江粳稻支持政策稳定，利润情况也比较稳定，基本在 200～300 元波动；玉米在临储收购价政策执行期间，亩均利润在 150 元以上，2015 年玉米临储收购价下调，市场销售价格随之走低，亩均净利润转为负值，2016 年临储收购价政策取消，每亩地亏损额扩大到 378.56 元；大豆的种植收益一直显著低于粳稻和玉米，即使在三种作物同时实行临储收购价或最低收购价政策期间，大豆也是收益最低的品种。2012—2021 年，黑龙江粳稻的亩均净利润分别为 302.45 元、218.10 元、326.92 元、260.24 元、270.30 元、202.14 元、3.63 元、−109.21 元、−66.27 元、−57.6元；玉米的亩均净利润分别为 227.36 元、150.79 元、203.3 元、−24.12 元、−378.56 元、−166.53 元、−113.23 元、−143.21元、41.17 元、109.01 元；大豆的亩均净利润 84.06 元、−25.31元、30.98 元、−137.71 元、−259.97 元、−130.52元、−198.30元、−263.55 元、−137.92 元、−34.96 元（图 1-24）。

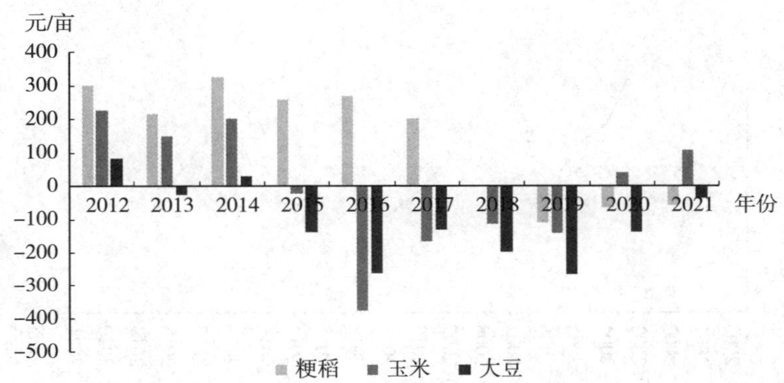

图 1-24　2012—2021 年黑龙江省三种作物亩均净利润对比情况

数据来源：国家发展改革委价格司编《全国农产品成本收益资料汇编》(2001—2022 年)。

玉米和大豆同为旱地作物，争地关系密切，二者的比价关系会影响到比较收益，从而对种植面积产生一定影响。2000—2021 年，我国大豆和玉米的比价关系保持在 1.9：1～2.8：1。最低（1.9：1）出现在 2011 年，最高（2.8：1）出现在 2003 年和 2007 年，近 20 年间的平均值为 2.25：1。其间，二者比价波动较剧烈，幅度最高达到 39.5%。从二者比价波动规律来看，2008—2011 年，大豆和玉米价格同步上涨，但玉米价格涨速及涨幅均高于大豆，导致二者比价呈下行走势，并于 2011 年达到最低值。2012 年起，受种植比较效益影响，玉米种植面积迅速增长，大豆种植面积急剧下降，二者价格关系也发生了相应变化，直到 2015 年之前，比价主要维持在 2.0：1～2.2：1。2014—2017 年，大豆和玉米政策均发生变化，大豆提前结束临储收购价政策，在东北三省和内蒙古自治区实行目标价格补贴政策试点，玉米临储收购价政策则在 2015 年终止。补贴政策变化及玉米的去库存进程使玉米供需形势发生变化，玉米价格大幅下跌，令二者比价发生大幅波动，2016 年大豆与玉米之间的比价快速上升，从 2.1：1 上升至 2.5：1。随后比价开始快速下滑。2021 年国产大豆由于上季大豆减产价格涨幅明显，大豆玉米比价上升至 2.3：1（图 1-25）。

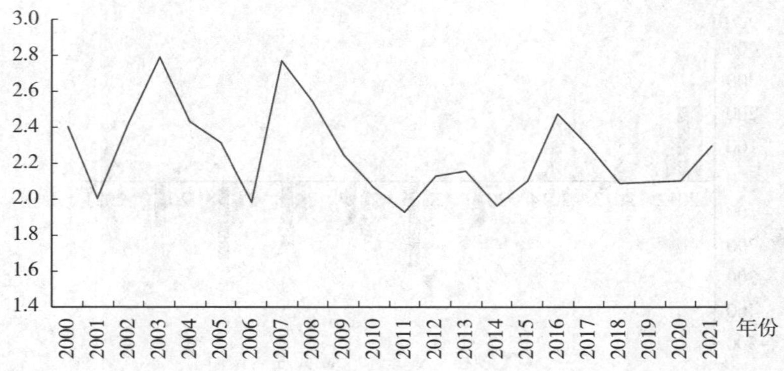

图 1-25　2000—2021 年国产大豆与玉米比价关系

数据来源：国家发展改革委价格司编《全国农产品成本收益资料汇编》(2001—2022 年)。

（四）中美两国大豆生产成本和收益对比

2007—2021 年，中国大豆亩均总成本（生产成本＋土地成本）呈持续增长趋势，且增长速度远高于美国大豆。2007—2021 年，中国大豆亩均总成本累计增长 1.7 倍，年均增长率 7.3％；美国大豆亩均总成本累计增长 51.9％，年均增长率 3.0％，增速明显低于中国。2010 年前，中美两国的大豆总成本几乎不相上下，但 2010 年后中国增速较快，而美国保持缓慢平稳增长态势，因此，自 2010 年起中国大豆的亩均生产成本超过美国，且差距不断扩大。收益方面，2011 年前中国大豆的亩均总收入高于美国，而这一期间两国的总成本基本相当，因此，2007—2010 年中国大豆的亩均净利润比美国分别高 99.17 元、45.79 元、18.81 元、60.10 元；2011—2021 年，中国大豆亩均总成本连续增长，而总收入在 2012 年达到高点之后逐年下滑，这一期间美国大豆的总成本和总收入变化都不大，中国大豆的亩均净利润比美国分别低 29.43 元、36.96 元、81.34 元、81.91 元、81.61 元、262.89 元、143.37 元、151.76 元、116.45 元、97.09 元、84.26 元（表 1-3）。

表 1-3　2007—2021 年中国和美国大豆成本收益情况对比

单位：元/亩

年份	中国大豆总成本	美国大豆总成本	中国大豆总收入	美国大豆总收入	中国大豆净利润	美国大豆净利润	中美大豆利润差（中—美）
2007	291.75	372.10	466.96	448.14	175.21	76.04	99.17
2008	347.99	382.93	526.44	515.59	178.45	132.66	45.79
2009	378.19	403.17	485.71	491.88	107.52	88.71	18.81
2010	431.20	406.03	586.35	501.08	155.15	95.05	60.10
2011	488.77	407.44	610.72	558.82	121.95	151.38	—29.43
2012	578.20	455.06	706.83	620.64	128.63	165.59	—36.96
2013	625.90	467.61	659.58	582.63	33.68	115.02	—81.34
2014	667.34	472.31	641.61	528.49	—25.73	56.18	—81.91
2015	674.71	473.80	559.62	440.32	—115.09	—33.48	—81.61
2016	678.44	485.72	468.63	538.79	—209.81	53.08	—262.89
2017	668.80	493.29	537.91	505.77	—130.89	12.48	—143.37
2018	666.33	540.55	474.29	500.27	—192.04	—40.28	—151.76
2019	686.33	565.78	492.23	488.13	—194.10	—77.65	—116.45
2020	720.52	558.86	660.19	595.61	—60.33	36.76	—97.09
2021	780.76	565.05	822.99	691.55	42.23	126.49	—84.26

数据来源：USDA；国家发展改革委价格司编《全国农产品成本收益资料汇编》（2008—2022 年）。

第二章

中国大豆生产支持政策演变及其效果评价

农业补贴是一国政府对本国农业支持与保护政策体系中最主要、最常用的政策工具，是政府对农业生产、流通和贸易进行的转移支付。对农业给予支持保护是世界各国为提高农业国际相对竞争力的通行做法，WTO 框架下的农业补贴是指针对国内农业生产及农产品的综合支持。21 世纪以来，根据粮食及油料作物产销形势的变化，我国先后出台了农作物良种补贴、种粮农民直接补贴、农业生产资料综合补贴三项补贴政策，逐渐形成了农业补贴政策框架。三项补贴政策的实施对于促进我国粮食生产和农民增收、推动农业农村发展发挥了积极作用。2015 年，山东、安徽、浙江、湖南、四川五省进行三项补贴改革试点，将上述三项补贴整合为“农业支持保护补贴”，一部分资金用于耕地地力保护补贴，另一部分资金用于适度规模经营补贴。一年试点期满后，2016 年 5 月，财政部、农业部印发了《关于全面推开农业“三项补贴”改革工作的通知》，将种粮农民直接补贴、农作物良种补贴和农资综合补贴合并为“农业支持保护补贴”。

为了扩大大豆种植面积、增加大豆产量，我国实施了一系列大豆产业发展的惠农、支农政策。我国大豆产业支持保护政策主要在黑龙江、吉林、辽宁和内蒙古等主产地实行，其他产区较少有相关产业政策。21 世纪以来，主产地主要实行了良种补贴政策、临时收储政策、目标价格补贴试点政策及“市场化收购＋生产者补贴”政策。本章对各项政策效果进行评价，并运用 WTO 和经济合作与发展组织（Organization for Economic Co－operation and Development，OECD）测算方法对我国现行大豆政策的支持和保护力度进行测算。

一、大豆良种补贴政策

（一）大豆良种补贴目标、区域范围及金额

农作物良种补贴是指国家通过建立良种推广示范区，对农民选用农作物良种并配套使用良法技术进行的资金补贴，目的是支持农民积极使用优良作物种子，提高良种覆盖率，增加农产品产量，改善产品品质，推进农业区域化布局、规模化种植、标准化管理、产业化经营。2002 年起，我国开始实施高油大豆良种补贴政策（2015 年终止）。补贴区域为东北三省和内蒙古高油大豆生态适宜区，补贴标准为 10 元/亩，补贴品种主要为含油率 21％以上、蛋白质不低于 38％、主要用于榨油的大豆。2002—2007 年，覆盖大豆播种面积 1 000万亩，累计补贴资金大约 7 亿元；2008 年补贴资金增加到 4 亿元，覆盖 1 000 万亩大豆播种面积，约占全国大豆种植面积的 31％。

根据我国向世界贸易组织通报的国内农业支持数据，2002—2015 年，我国一直对大豆作物实行良种补贴政策，补贴额经历了逐步增长到逐步下降的过程，按照补贴额的变化趋势，补贴政策可分为三个阶段，即 2002—2007 年的基本平稳阶段，2008—2011 年的快速增长阶段和 2012—2015 年的再度回落阶段。其中，2002—2007 年，我国大豆良种补贴额分别为 0.70 亿元、2.80 亿元、1.12 亿元、1.10 亿元、1.11 亿元、1.11 亿元，年均补贴额约 1.32 亿元。2008—2011 年，补贴额进一步扩大到 4.12 亿元、9.84 亿元、9.84 亿元、9.85 亿元，年均补贴额约 8.41 亿元。2012—2015 年，补贴额逐步下降为 8.88 亿元、7.61 亿元、5.94 亿元、5.69 亿元，年均补贴额 7.03 亿元（图 2－1）。

（二）大豆良种补贴政策效果评价

大豆良种补贴从 2002 年设立至 2015 年终止，其间补贴额最低

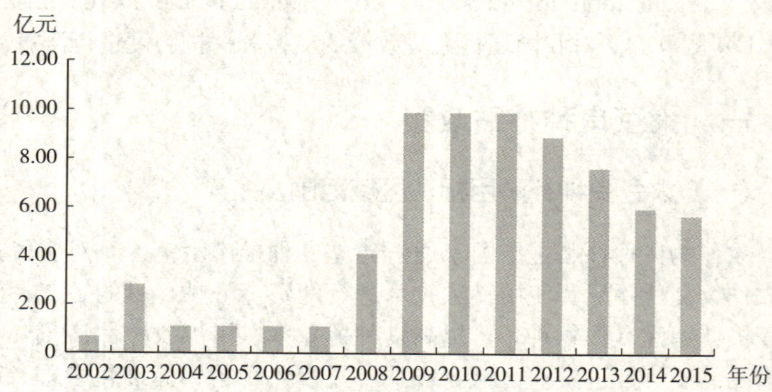

图 2-1　2002—2015 年我国大豆良种补贴金额

数据来源：中国向世界贸易组织通报的国内农业支持数据。

0.7 亿元，最高接近 10 亿元。补贴品种从 2002 年的 1 个品种逐渐增加到 2015 年的 9 个品种。其中 2002—2007 年，针对大豆作物的补贴只有良种补贴，且补贴额较少，但在提高农民种植积极性、改善作物品质、增加农民收益等方面，政策效果比较显著。2008 年起，补贴额大幅增加，2009—2011 年一直处于高位，2012 年起逐年下滑。这一期间，由于大豆临时收储政策以及玉米、稻谷等竞争性作物其他补贴和政策的实施，加上补贴额偏低、不抵种子价格的快速上涨，大豆良种补贴政策效果逐渐弱化。

1. 提高了农民的种植积极性

2002—2007 年，中央财政用于大豆良种补贴的资金总共近 8 亿元，补贴面积 7 000 万亩，此后连续三年扩大补贴范围、大幅增加补贴额，对提高东北三省和内蒙古自治区农户种植大豆的积极性具有重要意义。这一期间除良种补贴政策外，尚没有其他针对大豆的政策施行，政策效果十分明显，2003—2007 年的种植面积年均增长率达 2.20%。2007 年这一区域的大豆种植面积为 526.05 万公顷，比 2002 年累计增加了 103.39 万公顷，增幅 24.46%（图 2-2）。

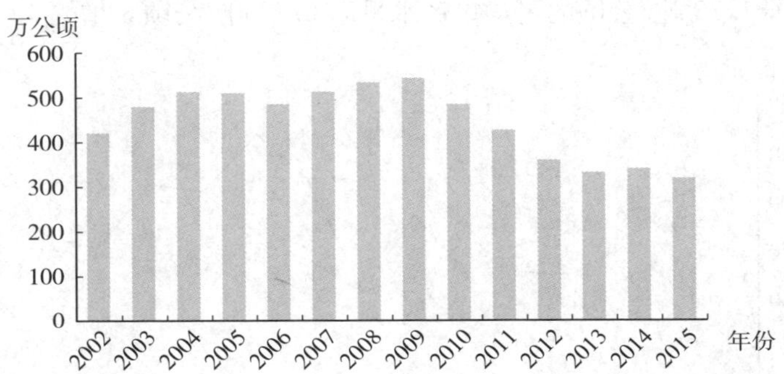

图2-2　2002—2015 年我国大豆良种补贴区域种植面积变化情况

数据来源：国家统计局。

2. 提高了大豆单产、品质和收益

根据财政部数据，2004 年大豆良种补贴项目区平均亩产 184 千克（图 2-3），比非项目区的亩均产量高出 34.7 千克，也超过了世界平均 150 千克的产量水平，达到美国、巴西等国高产年水平；2005 年高油大豆项目区平均亩产比非项目区有了较大幅度的增长。经过品质检测、用户反映和专家鉴评，良种补贴示范区粮食作物品质普遍较好，主要指标达到甚至超过国家规定的品质指标要求。如大豆良种补贴项目区 217 个样品检测分析显示，其平均含油率达到 21%，蛋白质含量 39.2%，比普通品种含油率提高 1.5 个百分点。2004 年大豆良种补贴项目区平均每亩增收 48 元，其中增产增收约 42 元，提质优价增收 6 元。[①]

根据农业部数据，2006 年良种补贴区域大豆的优质率 65.7%，比补贴前提高了 29 个百分点；项目区大豆的优质优价订单率达 84%，促进了产业化经营；项目区优质专用大豆亩均纯收益为 225 元，比非项目区高 67 元，增加了农民收入。从东北三省和内蒙古自治区的大豆总体单产来看，2002—2015 年一直高于全国平均水平。其间，东北三省和内蒙古自治区的大豆平均单产为 1.95 吨/公顷，

① 李存才：《良种补贴凸现五大政策效应》，《中国财经报》2006 年 5 月 11 日第 1 版。

比全国 1.73 吨/公顷的平均单产水平高 0.22 吨/公顷，增幅 12.7%。

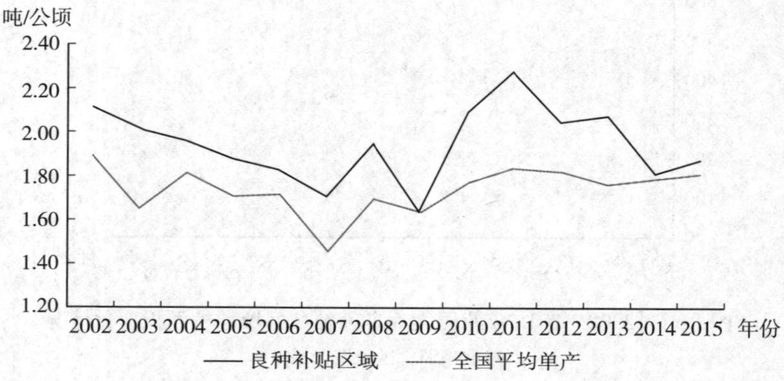

图 2-3　2002—2015 年我国大豆良种补贴区域单产与全国平均单产对比

数据来源：国家统计局。

3. 促进生产向优势区域集中

2002—2007 年，东北三省和内蒙古自治区大豆种植面积占全国总面积的比例从 48.47%提高到 59.77%，提高了约 11 个百分点，单一政策效果显著。2009 年这一比例更是提高到 60.98%的水平（图 2-4）。可见，在政策激励下，大豆种植逐渐向优势区域集中。

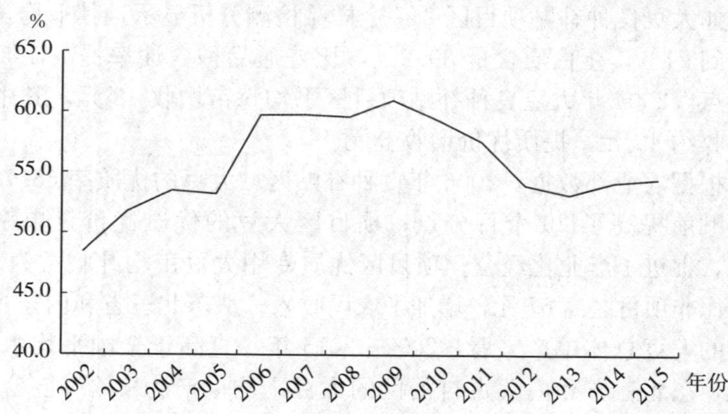

图 2-4　2002—2015 年我国大豆良种补贴区域种植面积占全国比例

数据来源：国家统计局。

4. 后期补贴效果逐渐弱化

从种植面积、单产、产量及其与全国平均水平对比情况来看，东北三省和内蒙古自治区的大豆良种补贴政策在2009年后已经基本没有明显效果，种植面积、产量及占全国的比例都在下滑。由于大豆良种补贴只有10元/亩，补贴标准偏低，而这一期间大豆种子价格上涨较快，良种补贴标准虽然也有上涨但涨幅远落后于种子价格涨幅，导致补贴力度逐渐弱化。同时，良种补贴规定要选择“数量多、价格便宜”的老品种，新审定品种完全没有市场竞争优势，客观上保护了“大路品种”，妨碍了技术创新和新品种推广。此外，良种补贴程序复杂，补贴资金真正到农民手中需要从国家到乡镇各级政府的层层审批，不仅行政成本高，还有可能造成权力寻租。随着良种补贴范围的逐渐扩大，多种粮食、油料、薯类和棉花等经济作物都被纳入补贴范围（表2-1），加上其他政策的同时施行，大豆良种补贴效果逐渐弱化。

表2-1 2002—2015年良种补贴涉及品种

年份	品　种
2002	大豆
2003	小麦、大豆
2004	水稻、玉米、小麦、大豆
2005	水稻、玉米、小麦、大豆
2006	水稻、玉米、小麦、大豆
2007	水稻、玉米、小麦、大豆、棉花、油菜
2008	水稻、玉米、小麦、大豆、棉花、油菜
2009	水稻、玉米、小麦、大豆、棉花、油菜
2010	水稻、玉米、小麦、大豆、棉花、油菜、青稞
2011	水稻、玉米、小麦、大豆、棉花、油菜、青稞
2012	水稻、玉米、小麦、大豆、棉花、油菜、青稞、花生

（续）

年份	品　种
2013	水稻、小麦、玉米、棉花、大豆、油菜、青稞、花生、马铃薯
2014	水稻、小麦、玉米、棉花、大豆、油菜、青稞、花生、马铃薯
2015	水稻、小麦、玉米、棉花、大豆、油菜、青稞、花生、马铃薯

数据来源：根据2002—2015年历年中央1号文件整理。

二、大豆临时收储政策

（一）大豆临时收储政策目标、区域范围及金额

2007年1月至2008年10月，受国际市场影响，我国大豆市场价格大幅波动，对产区农户种植收益造成冲击。为了稳定大豆市场价格，保护豆农利益，中央决定从2008年10月20日起在东北三省和内蒙古自治区实施大豆临时收储政策（表2-2）。临储收购执行价格的确定原则是“生产成本＋合理利润”。

表2-2　2008—2013年临时收储大豆价格

年份	收购价（元/吨）	收购量（万吨）
2008	3 700	725
2009	3 740	276
2010	3 800	195
2011	4 000	368
2012	4 600	178
2013	4 600	256

注：收购量为跟踪统计，与实际收购量可能会有出入。

根据中国向WTO通报的国内农业支持数据，2011—2014年的大豆临储市场价格支持金额分别为26.86亿元、49.01亿元、

18.99 亿元、37.38 亿元，四年总金额为 132.24 亿元（图 2-5）。

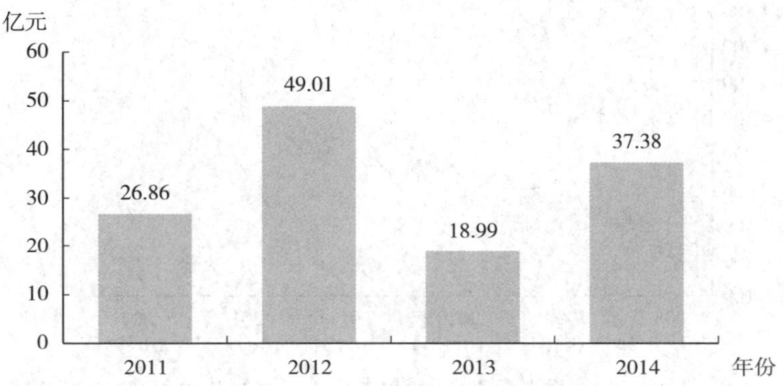

图 2-5　2011—2014 年大豆临储市场价格支持金额

数据来源：中国向 WTO 通报的国内农业支持数据，其中 2008—2010 年数据未通报，2014 年已停止临储收购政策，该金额为执行 2013 年政策。

（二）大豆临时收储政策效果评价

1. 促进了东北三省和内蒙古自治区的大豆生产

大豆临时收储政策从 2008 年开始实施，2013 年终止，其间有效地稳定了大豆市场价格，促进了大豆生产发展。2008 年 10 月启动大豆临时收储政策后，东北三省和内蒙古自治区的大豆价格整体运行趋势向上，黑龙江大豆均价在 2008 年至 2009 年上半年仅约 3 300 元/吨，2013 年最高，涨至 4 500 元/吨以上（图 2-6）。

由于大豆临储收购价格连续上涨，市场价格也跟随走高，农户比较愿意种植大豆。政策施行初期，东北三省和内蒙古自治区的大豆种植面积明显增长，并于 2009 年创下了历史最高水平。此后几年，随着政策效果的弱化及与玉米相比种植比较收益的下降，大豆种植面积逐步下滑。不过，2007—2014 年东北三省一区大豆种植面积占全国总面积的比例基本都在 50％以上，分别为 59.77％、59.60％、60.98％、59.36％、57.56％、53.96％、53.15％、54.16％（图 2-7）。说明尽管 2010 年后临储收购政策

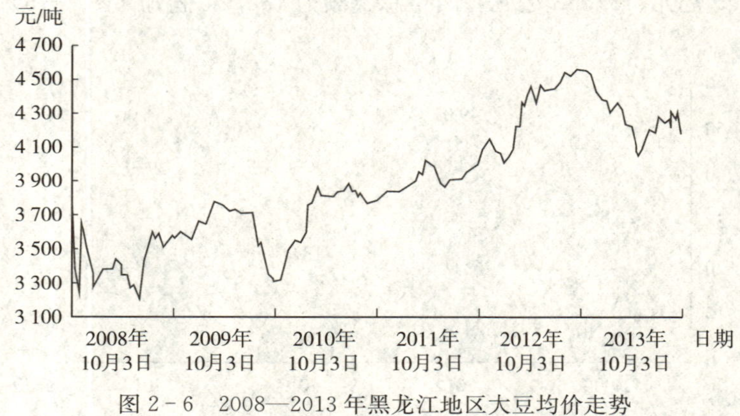

图 2-6　2008—2013 年黑龙江地区大豆均价走势

的效果在逐步变弱，大豆种植面积下滑，但与其他未受政策支持的地区相比，东北三省和内蒙古自治区的大豆种植面积下滑幅度相对较为缓和。

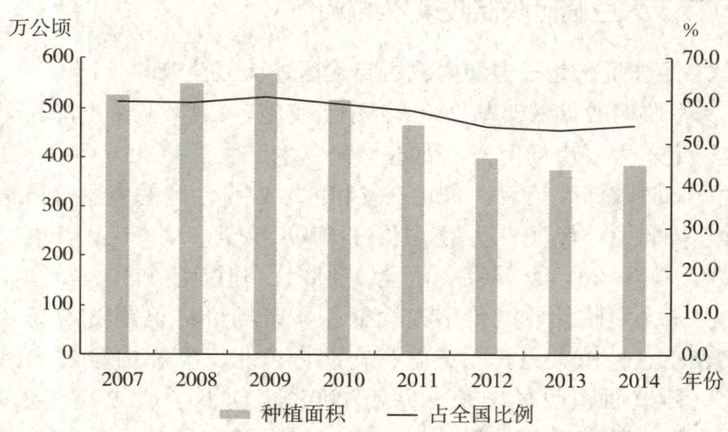

图 2-7　2007—2014 年东北三省一区大豆种植面积及占全国比例

数据来源：国家统计局。

2. 整体上不利于大豆产业链的良性循环

大豆临时收储政策在解决农民“卖豆难”、保证农户种豆收益、稳定主产区大豆面积等方面起到了正面作用。但该政策的实施，在一定程度上阻碍了大豆市场价格调节机制作用的发挥，逐年走高的大豆市场价格加大了下游加工企业采购国产大豆的难度，令下游企业承受了巨大的原料成本压力。同时，大豆收储价格高于国际大豆价格，国内外价格倒挂促使我国进口了更多的廉价转基因大豆，进口大豆对国产大豆的冲击程度并没有因大豆临储收购政策而减少。此外，既定的国储收购价格，使产区以加工国产大豆为主的压榨企业与沿海以加工进口大豆为主的压榨企业处于不平等竞争地位，影响了国产大豆压榨企业的可持续经营，不利于整个大豆产业的良性发展。

3. 粮油储备支出给国家财政带来沉重负担

随着国内外大豆价差逐步加大，临储收购的大豆很难顺价销售，因此额外增加了库存监管费、利息费及库存期间的降等降级等价差亏损开支，耗费了国家大量的财政资源。2013 年中央一般公共预算支出用于粮油储备的费用为 1 266.38 亿元，比上年增加 27.87%，占当年财政收入的 2.10%，而当年的中央公共财政收入比上年仅增加 7.24%，财政支出比上年仅增加 6.77%，粮油储备支出增速高出中央公共财政收入增速 20 个百分点；2014 年和 2015 年继续高速增长，并于 2015 年达到 1 836.08 亿元的历史高点，粮油储备支出的大幅增长给财政带来沉重的负担。随着大豆和玉米临时收储政策的结束及库存的清空，我国粮油储备量显著下降，2015 年后在粮油储备方面的财政支出逐步减少（2017 年主要是稻谷、小麦最低收购价的利息、费用补贴等据实结算项目支出增加），财政负担有所减轻（图 2-8）。

4. 种植户难以完全享受到政策利益

由于大豆生产和销售涉及千家万户，临时收储难以完全做到直接面向农民收购，大部分临储库只能从中间商手中收购，加上信息不对称，农民实际出售大豆的价格并不能达到临储收购价水平，因此种植户不一定能享受到政策带来的全部好处，部分利益已经消耗在中间各环节，导致政策初衷不能完全实现。

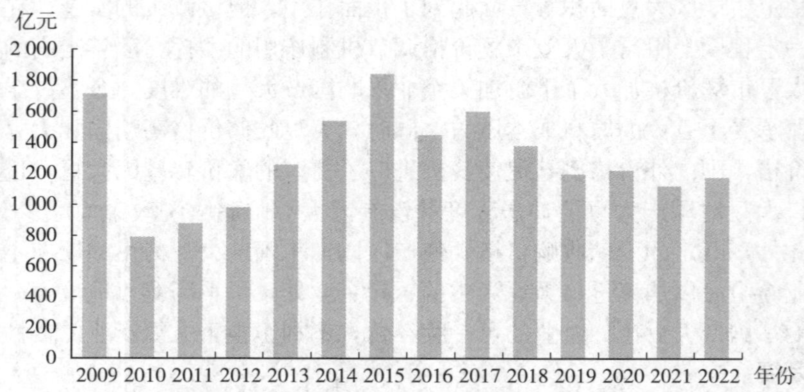

图 2-8 2009—2022 年我国粮油物资储备支出费用

数据来源：财政部，其中 2022 年数据取自 2023 年“两会”期间公布的预算执行情况，其他年份的数据取自决算报告。

三、大豆目标价格补贴试点政策

（一）大豆目标价格补贴试点政策目标、区域范围及金额

2014 年 1 月 19 日，中共中央、国务院印发了《关于全面深化农村改革加快推进农业现代化的若干意见》，强调完善粮食等重要农产品价格形成机制，继续坚持市场定价原则，探索推进农产品价格形成机制与政府补贴脱钩的改革，逐步建立农产品目标价格制度，在市场价格过高时补贴低收入消费者，在市场价格低于目标价格时按差价补贴生产者，切实保证农民收益。2014 年国家取消东北三省和内蒙古自治区的大豆临时收储政策，试点大豆目标价格补贴政策。

目标价格补贴是一种差价补贴，即政府根据“种植成本＋基本收益”的原则，设立一个目标价格，当市场价格低于目标价格时，财政补齐市场价格与目标价格的差价；若市场价格高于目标价格，则不发放补贴。该政策在美国先后被称为差价补贴（deficiency payment）和反周期补贴（counter-cyclical payment），2014 年美国农业法案中废除了反周期补贴，新设价格损失保障（price loss coverage）。我国大豆目标价格补贴试点政策的目标与临时收储政策一样，都是为了保护豆农的种豆积极性。2014—2016 年，东北三省和内蒙古自治区的大豆目标价格均为 4 800 元/吨，试点时间为三年。黑龙江 2014 年目标价格补贴标准在四个省份内最高，为每亩 60.50 元，2015 年增加至 130.87 元，2016 年下降至 118.58 元；吉林 2014 年目标价格补贴标准为每亩 54 元，2015 年增加至 139.72 元；辽宁 2014 年目标价格补贴标准为每亩 10.00 元，2015 年增加至 150.00 元以上，2016 年继续增加至每亩 165～170 元；内蒙古 2014 年目标价格补贴标准为每亩 36.56 元，2015 年下降至 32.60 元，2016 年增加至 45.30 元（表 2-3）。

表 2-3　2014—2016 年东北三省和内蒙古自治区大豆目标价格补贴标准

单位：元/亩

省份	2014 年补贴标准	2015 年补贴标准	2016 年补贴标准
黑龙江	60.50	130.87	118.58
吉林	54.00	139.72	—
辽宁	10.00	150.00 以上	165～170
内蒙古	36.56	32.60	45.30

根据中国向 WTO 通报的国内农业支持数据，我国 2014 年大豆目标价格补贴金额为 32.51 亿元，2015 年增加至 60.11 亿元，2016 年继续增加至 73.47 亿元。

（二）大豆目标价格补贴试点政策效果评价

1. 补贴效率提高且具有反周期调节的作用

目标价格补贴试点政策的实施有利于减少政府对价格机制的干预，大豆价格由市场形成，避免了之前大豆临储收购和拍卖政策形成的大豆市场价格“天花板”与“地板”效应，有利于市场在资源配置中起到决定性作用。根据政策要求，东北三省和内蒙古自治区启动目标价格补贴后，于次年 5 月份将补贴资金经过市、县、乡三级财政部门的专用账户，通过“一折或一卡”的方式直接发放给大豆种植者。农户实实在在地得到了补贴资金，提高了补贴效率。

大豆目标价格补贴还可起到反周期调节的作用，即目标价格与市场价格间差价补贴变动周期与市场价格变动周期相反。当市场价格下跌时，目标价格与市场价格之间的差额会随之扩大，政府补贴支出相应增加；反之，则减少。这在一定程度上规避了市场价格风险对农民种植收益的冲击，保护了生产者的利益。

2. 促进产区种植大豆的效果不明显

从目标价格补贴试点政策实施期间东北三省和内蒙古自治区的大豆种植面积变化情况来看，2014—2016 年的大豆种植面积分别为 340 万公顷、320 万公顷、383 公顷，环比依次增长 2.31%、减少 5.92%、增长 19.78%，分别经历了增加—减少—增加的过程（图 2-9）。

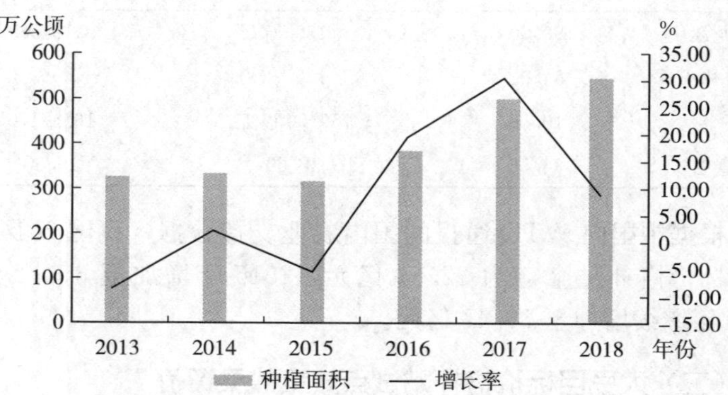

图 2-9 2013—2018 年东北三省一区大豆种植面积及增长率

数据来源：国家统计局。

农户是农业生产的最终决策者和执行者，影响农户决定种植何种作物的因素除了补贴之外，还有同季作物之间的比较收益、种植和销售难易程度等。东北产区大豆的同季竞争性作物有稻谷和玉米。在大豆实行目标价格补贴政策试点期间，稻谷实行最低收购价政策，2014—2015 年，玉米实行临时收储政策，2016 年玉米临时收储政策取消，东北三省一区实行“市场化收购＋生产者补贴”的新机制。2014—2015 年，由于国家继续收购稻谷和玉米，而大豆完全实行市场化收购，其销售难度大于稻谷和玉米，部分时期甚至出现“卖豆难”的问题。从每亩地的补贴金额来看，2016 年黑龙江玉米的生产者补贴为 153.92 元，而当年大豆的目标价格补贴为 118.58 元。从三种作物的亩均种植收益来看，2014 年黑龙江每亩粳稻、玉米和大豆的净利润分别为 326.92 元、203.3 元、30.98 元，2015 年分别为 260.24 元、－24.12 元、－137.71 元，2016 年分别为 270.30 元、－378.56 元、－259.97 元（图 2－10）。2014—2016 年，每亩地种植粳稻的收益最高，玉米次之，大豆最差。黑龙江的农户在实行目标价格补贴政策试点后，收入水平有所提高，与玉米的比价关系得到了改善，但吉林、辽宁和内蒙古从临时收储政策改为目标价格补贴后，其收益水平出现了较为显著的下降，豆农的收入水平没有得到保障。

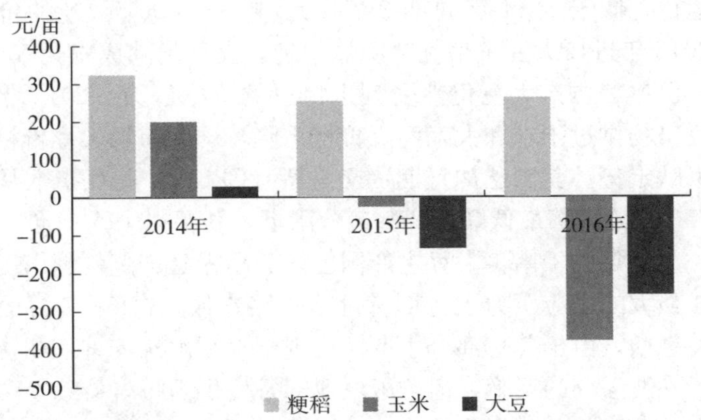

图 2－10　2014—2016 年黑龙江三种作物净利润对比情况

农户作为风险规避者和理性人，当市场风险增加时，会趋于选择无风险或风险较小的品种进行种植。由于农户获取大豆目标价格补贴额的不确定性增加，因此选择减少大豆的种植面积，这基本符合理性人的假设条件。在上述各种因素的综合影响下，大豆目标价格补贴政策对农户种植大豆的积极影响作用并不明显，对稳定或者增加大豆种植面积的作用较小。

2015 年末至 2016 年初，农业部陆续发布《关于“镰刀弯”地区玉米结构调整的指导意见》《关于促进大豆生产发展的指导意见》《全国种植业结构调整规划（2016—2020 年）》，总趋势是调减非优势区域籽粒玉米种植面积，增加大豆、饲草、杂粮杂豆、春小麦、经济林果和生态功能型植物等种植面积。除目标价格补贴外，2016 年国家在东北地区开始实行“米改豆”轮作补贴制度试点，引导农民主动调整生产结构。在一系列种植业结构调整政策引导下，2016 年黑龙江省调减玉米种植面积近 2 000 万亩，大豆种植面积恢复性增长，这与轮作补贴政策引导也有关系。

3. 国内外大豆价格联动变化更加明显

政策变化对国产大豆期现货价格的影响显著。临时收储政策转为目标价格补贴政策后，2015 年大豆价格整体在 3 300～3 900 元/吨区间运行，低于 2014 年同期 3 850 元/吨～4 000 元/吨的价格区间。2015 年进口大豆价格优势明显，进口大豆到港成本在 3 000～3 500 元/吨，国产大豆仍然受到进口豆的价格压力。2015 年因国际大豆市场供过于求和大宗商品价格下降，国际市场大豆价格总体呈现下跌走势。美国芝加哥期货交易所（CBOT）美豆指数从年初的 1 050 美分震荡最低跌至 850 美分附近，跌幅达 19%，创下六年新低。上半年由于南美大豆主产国巴西、阿根廷产量均创出历史新高，在强大的供应压力下，期货价格一路走低。在 6—7 月的美豆生长关键期，由于美豆部分主产区出现干旱和洪涝灾害，期货价格走出了一波强劲的反弹，但美国农业部月度供需报告持续发布创历史新高的美豆单产，期货价格止涨回落，并在收割季的季节性抛售中跌至 850 美分/蒲式耳的年内低点，随后在 850～930 美分/蒲式耳价格区间波动。在我国临时收储政策取消后，国内大豆市场价格走势跟随国际豆价走势的倾向更加明显。

4. 采集的市场价与农民实际销售价有差距

按照规定，测算大豆目标价格补贴标准所用的大豆市场价格为全省大豆平均收购价格，该价格由国家监测，采价期为当年的10月至次年3月，采集对象主要是采集期内全省各地粮食收储、加工企业和常年固定收购点的贸易商收购的国标三等大豆平均价格。大豆目标价格政策实施以来，因国家临储政策取消，以及加工企业利润空间变小和进口大豆的低价冲击，大豆生产主体在采价期内实际销售到定点监测企业的大豆量很少，80％以上的大豆是在上年10月至次年5月期间以相对较低的价格销售给了流动商贩。因此，政策试点期间采集的大豆市场监测价格相对主产区农民销售大豆的价格偏高。据黑龙江省大豆协会反映，受交通、运距等因素影响，农民多将大豆出售给粮贩变现。上述方法采集的市场价与农民实际销售价有差距，差额可到0.40元/千克（400元/吨）。如果按照各省份大豆产区种植面积和产量设置监测点，以市场销售价格和实际交易量作为权重，科学测算大豆市场价格和补贴标准，政策效果会更好。

5. 种植规模普遍较小，补贴成本较高

我国大豆主产区种植区域较为分散，且以小规模种植为主，除黑龙江农垦的大豆种植规模相对集中、机械化程度较高以外，其他地区的种植规模普遍较小，种植分散且机械化程度较低。大豆目标价格补贴的依据是大豆种植面积，因此对基础数据的完备程度和政策执行力提出了更高要求，补贴之前需要对种植面积进行勘察、统计，然后才能发放补贴。这给基层工作部门和人员增加了大量工作，不仅实际种植面积的真实性难以保证，无形之中也增加了补贴政策的执行成本。

6. 在一定程度上抬高了流转地成本

大豆目标价格补贴依据实际种植面积发放给大豆的实际种植者，但在实施过程中配套政策不完善，且缺少有效的监管，当发包方得知承包方种植大豆会得到补贴后，土地承包费用逐渐“水涨船高”，耕地租金被抬高，导致大豆种植成本增加，种植户实际收益减少。在一定程度上，补贴的很大一部分是补给了具有土地承包经营权的一方，实际种植户并没有得到全部的实惠，使得农户流转土地用于规模种植大豆的积极性下降，影响了整个生产环节的效率和效益。

7. 财政补贴支出具有较大不确定性

从财政支出的确定性看，大豆目标价格补贴支出具有较大的不确定性。当国际大豆价格持续低迷时，国内大豆价格也会受之影响在低位运行，在此背景下，较低的目标价格水平难以有效保障大豆生产。因此，只要达到刺激生产的政策目标，目标价格高于市场价格就会常态化。事实上，国际大豆市场价格并不稳定，因此国内目标价格的确定既受国际市场影响，也受国内大豆供需形势的制约，目标价格和市场实际价格之间的差价不稳定且难预测，由此造成了补贴总额的不确定，对国家的财政实力也是一种考验。

四、大豆生产者补贴政策

（一）大豆生产者补贴政策目标、区域范围及金额

经过几年的实践，我国大豆目标价格补贴政策试点取得了一定成效，但与政策目标仍存在一定差距。2017 年在对大豆目标价格改革试点进行评估的基础上，国家决定调整大豆目标价格补贴政策，在东北三省和内蒙古自治区实行大豆“市场化收购＋生产者补贴”政策，和玉米补贴政策机制相统一。大豆目标价格补贴和生产者补贴均属于直接补贴，二者均为“价补分离”，且与当期大豆种植面积挂钩。两种补贴政策的主要区别在于，目标价格补贴政策的补贴依据是当年确定的目标价格与市场实际价格的差价，生产者补贴的补贴标准事先确定，与市场价格没有关系。

从 2017—2021 年的补贴情况来看，各省及部分省内各产区的大豆生产者补贴标准并不统一（表 2－4）。从各省份大豆和玉米的补贴标准看，2017 年以后国家对大豆生产的支持力度显著增强。

表 2-4 2017—2021 年东北三省和内蒙古自治区大豆、玉米生产者补贴标准

单位：元/亩

年份	黑龙江		吉林		辽宁		内蒙古	
	大豆	玉米	大豆	玉米	大豆	玉米	大豆	玉米
2017	173.46	133.46	166～267	97～233	145～190	126～225	176.5	120～141
2018	320	25	350～500	99	189.95～192.97	90～92.97	200～250	100
2019	255	30	265	86	276	76	200～240	32.07～124.7
2020	238	38	450	146.98	260～270	76～80	211.38	132.22
2021	248	68	200～500	154.53	207.7～234.55	71.6～83.92	150～265.69	47.2～133.57

（二）大豆生产者补贴政策效果评价

1. 促进种植的效果比较明显

基于优化种植业结构的角度，东北三省和内蒙古自治区针对大豆、玉米的生产者补贴政策可同步进行统筹，使之更加符合种植结构调整的需要。大豆和玉米同为旱田作物，具有典型的土地竞争关系，其补贴政策应相互联动，改革不同步将会造成补贴政策效应的弱化甚至扭曲。从政策效果看，2017—2020 年东北三省和内蒙古自治区实行大豆生产者补贴政策后，大豆种植面积恢复性增长幅度显著。根据国家统计局数据，2017—2020 年全国大豆种植面积分别为 824.48 万公顷、841.28 万公顷、933.17 万公顷、988.25 万公顷，年均增速 6.2％，较 2016 年累计增加 228.4 万公顷，增幅 30.1％；相应地，2020 年玉米面积较 2016 年累计下降 291.8 万公顷，降幅 6.6％。实行大豆生产者补贴的“三省一区”大豆面积五年累计增加 274.2 万公顷，增幅 46.7％；各省份大豆种植面积增长幅度不一，黑龙江和内蒙古是传统大豆产区，五年面积分别累计增加 217.1 万公顷、38.9 万公顷。

此外，从 2016 年开始，我国发布了《关于印发探索实行耕地轮作休耕制度试点方案的通知》，在粮食主产区实行耕地轮作休耕补

贴政策。东北三省和内蒙古自治区旱地轮作以玉米-大豆轮作为主，米-豆-麦、米-豆-薯等轮作种植为辅，每亩补贴标准为 150 元。这对大豆种植面积的恢复和扩大也起到了促进作用。以 2018 年黑龙江省为例，当年该省耕地轮作试点面积共 1 150 万亩，轮作耕地种植大豆每亩可获得补贴包括大豆生产者补贴 320 元/亩、地力保护补贴 71.78 元/亩、耕地轮作补贴 150 元/亩，三项补贴之和为 541.78 元/亩，每公顷补贴高达 8 126.70 元。在此影响下，2019 年黑龙江大豆种植面积较上年迅速增加 19.9%。在生产者补贴和轮作休耕等各项政策性补贴的支持下，2020 年黑龙江大豆种植面积与 2016 年相比增加了 49.9%（表 2-5）。

表 2-5　2016—2020 年东北三省和内蒙古自治区大豆和玉米种植面积

单位：万公顷，%

年份	黑龙江		吉林		辽宁		内蒙古	
	大豆	玉米	大豆	玉米	大豆	玉米	大豆	玉米
2016	322.3	652.8	18.8	424.2	7.0	279.0	92.3	384.4
2017	373.6	586.3	22.0	416.4	7.4	269.2	98.9	371.6
2018	356.8	631.8	27.9	423.2	7.4	271.3	109.4	374.2
2019	428.0	587.5	34.5	422.0	8.4	267.5	119.0	377.6
2020	483.2	548.1	32.1	428.7	10.3	269.9	120.2	382.4
变化幅度	49.9	−16.0	71.2	−0.5	48.5	−3.2	30.1	−9.5

数据来源：国家统计局，其中大豆变化幅度是 2020 年与 2016 年比较，玉米是 2020 年与 2016 年比较。

2. 保障农民种植收入的政策效果有限

由于生产者补贴政策或补贴原则每年提前公布，补贴的标准并不随市场价格进行调节，在市场价格下行时，保障农民种植收入的政策效果有限。由于生产者补贴政策属于“价补分离”政策，在玉米和大豆市场价格发生变化且种植玉米的比较效益明显高于大豆时，农户选择种植品种更多考虑综合收益，生产者补贴促进大豆种植面积扩大的作用也会受到影响。

2020 年由于大豆、玉米价格大幅上涨，东北地区多数农户不管种植大豆还是玉米，收益都较上年有所增加，但玉米单产高的优势加大了大豆和玉米的种植效益差距，即使考虑差异化的生产者补贴，总体上种植大豆效益也不如玉米。调研组对黑龙江齐齐哈尔地区典型农户的调查显示，2020 年大豆平均售价每千克 5.7 元，亩产 183.5 千克，包括每亩租用土地成本 803 元，不算补贴净收益 243 元；2020 年玉米平均售价每千克 2.26 元，亩产 633.5 千克，包括地租每亩成本 887 元，不算补贴净收益 544 元，比大豆高 301 元。2020 年黑龙江全省生产者补贴标准统一为大豆每亩 238 元，玉米 38 元。加上补贴大豆亩收益 481 元，玉米 582 元，玉米比大豆高 100 元左右。对内蒙古大豆主产区调查显示（包括赤峰市、科右前旗、扎赉特旗、扎兰屯市、阿荣旗、莫旗、大兴安岭管理局、鄂伦春旗等地，样点面积 1 537 万亩），2020 年大豆平均售价每千克 4.84 元，亩产 140 千克，包括地租亩成本 483 元，不算补贴净收益 195 元；2020 年玉米潮粮平均售价每千克 1.76 元，亩产 711 千克，包括地租亩成本 585 元，不算补贴净收益 716 元，比大豆高 521 元。2020 年内蒙古大豆生产者补贴每亩 221 元，玉米 108 元，加上补贴玉米比大豆亩收益高 400 元左右。

2021 年受国内外新冠病毒肺炎疫情、国际粮食价格上涨等因素影响，国家粮食安全问题受到高度关注，且上年玉米种植比较效益优势突出，主客观上玉米都有扩种需求，玉米扩种后大豆面积受到一定影响。2021 年我国大豆种植面积 841.54 万公顷，比上年大幅下降 14.8%；玉米种植面积 4 332 万公顷，比上年增加 5.0%。

3. 补贴总支出相对可控

大豆生产者补贴事先确定补贴标准，加之，随着农户对补贴的预期逐渐确定，受补贴的种植面积年际变化幅度会趋于缩小这一因素影响，补贴总额年际差距不大，补贴总支出相对可控。

从前文关于成本收益分析可以看出，近年我国种植大豆几乎无利可图，只有社会效益而基本没有经济效益，维持或者促进生产多需要通过补贴进行利益弥补，只有政策手段才能推动生产。除大豆生产性补贴政策，支持大豆产业发展的政策还包括加工企业补贴。2009 年我国曾对东北地区大豆加工企业增设财政扶持政策，按收购大豆每吨补贴 160 元的标准，给予指定大豆压榨企业和中储粮总公司一次性费用补贴。

综合来看，现行的大豆补贴政策仍存在一些问题，包括产业支持保护政策主要在东北三省和内蒙古自治区实行，其他产区较少有相关产业政策，补贴政策体系结构不完整。首先，只有国家层面的补贴政策，缺失地方支持政策，导致大豆政策实际调控绩效低于政策期望目标；只有大豆生产者补贴和米豆轮作补贴政策，没有诸如玉米转换大豆生产的成本分担、大豆生产者收入补贴、专用机械购置补贴和风险化解等触及大豆生产经营的惠农核心政策。其次，大豆补贴政策只有在规模化生产条件下运行才有现实意义，在一家一户生产制度下，需要在土地确权基础上，通过加快土地流转和土地托管实现大豆规模化生产。最后，当前国产大豆直接面临进口大豆的低价竞争优势，提高国产大豆竞争力，实现种得好、卖得好，需要从品种培育、技术推广、产后加工、品牌营销的全产业链各环节着手出台配套措施，以企业为主体带动大豆的种植和消费，而目前这方面的支持政策相对较少。

五、中国大豆生产政策的支持和保护力度测算

在美国和欧盟等发达国家和地区，农业补贴政策发展源远流长，每隔五六年就会推出新的农业法案，各种补贴名目繁多，但核心补贴政策主要有三种，即保护价收购政策、目标价格补贴政策、脱钩补贴政策。2004 年以来，我国农业补贴的形式和规模与欧美等发达国家一样也发生了很大变化。虽然各项补贴名称与欧美国家不同，但本质上并没有跳出上述三种补贴框架的范畴。

研究农业支持保护政策需要测度农业支持保护的力度，在各种测定方法中，WTO 和 OECD 的测评方法最具影响力，被广泛采用。两种测算方法各有特点，其中 WTO 重点关注农业生产和国际贸易两个方面，其目的是减少农业支持政策对国际贸易的扭曲，

方法比较简单，适用于国际对比。OECD比WTO测算的农业支持水平更全面，但其评价指标是根据发达国家市场经济的背景设置的，在应用到我国时，会出现虚假收入转移、农民税外负担的计量、政府支持政策的效益流失等问题。本部分首先重点描述用WTO测算方法评价我国的农业支持保护水平，然后介绍OECD评价方法。

（一）WTO测算方法

1. WTO农业支持政策评价体系

根据1994年签署的乌拉圭回合《农业协定》，依据农业保护政策对农业生产的扭曲程度，WTO将国内支持（Domestic Support）分为“黄箱”（Amber Box）政策、“蓝箱”（Blue Box）政策和“绿箱”（Green Box）政策，同时还专门规定了最低减让标准（即微量允许）和对发展中国家农业的特殊差别对待。其中，对生产和贸易产生扭曲作用的政策被称为“黄箱”政策，要求成员国必须进行削减；“蓝箱”政策是在限产计划下，按固定的面积、产量或牲畜头数，或基期生产水平的85%或85%以下，给予直接补贴，不计入综合支持量，也免于减让承诺；“绿箱”政策是指政府通过服务计划，提供没有或仅有最微小的贸易扭曲作用的农业支持补贴。

WTO对“黄箱”政策进行了较为严格的规定，用综合支持量（Aggregate Measurement of Support，AMS）测算国内农业支持水平。根据WTO《农业协定》条款，AMS以货币表示：综合支持量（AMS）＝所有特定农产品综合支持量（Product - specific AMS）＋所有非免除的特定农产品支持量（Product - specific EMS）＋所有非特定农产品综合支持量（Non - product - specific AMS）。政府通过市场价格支持、非免除的直接支付等手段向特定农产品提供货币支持。对于没有或者不能包含在特定农产品综合支持量中的支持措施，累计所有非免除特定农产品的支持措施价值，计算出非特定农产品的综合支持量。还有些特定农产品，尽管使用了市场价格支持，但难以计算其综合支持量，则计算其支持等值。“黄箱”政策直接影响农业生产者的生产决策，对贸易扭曲影响较大，受 WTO 规则约束，包括对农产品价格干预，种子、肥料、灌溉等投入品补贴，营销贷款补贴等。其中，低于微量允许标准的部分不需要减让：如果特定农产品的综合支持量不足该产品生产总值的 5%，或非特定农产品综合支持量不足全部农业生产总值的 5%（其他发展中国家为 10%，我国为 8.5%），则不必计入综合支持总量中，也不需要削减。

2. 我国“黄箱”政策支持力度的国际比较

我国是 WTO 成员，可在 WTO《农业协定》的框架下实施和完善农业支持保护政策。

（1）我国农产品“黄箱”政策支持量

我国向 WTO 通报的数据从 1999 年开始，最近的是 2022 年 12 月份通报的 2020 年数据。2017 年前，我国特定农产品“黄箱”政策支持包括小麦、稻谷、玉米、大豆、棉花、菜籽、土豆、青稞、花生、生猪、奶牛、绵羊、糖、块根作物等品种，2017—2020 年政策支持的特定农产品品种急剧减少。这些年中，1999—2006 年的“黄箱”综合支持量基本为负值，八年中只有 2004 年为正值。负值表明中国不需要履行减让义务，但同时也表明农业支持政策对于农业长期发展是极其不利的，不仅和发达国家的农业支持水平无法相比，也不利于农业的可持续发展和农民收入的提高。2007 年转为正值之后逐年增长，直至 2015 年达到历史高点。2007—2015 年的“黄箱”综合支持量分别为 350.05 亿元、891.06 亿元、1 085.94 亿元、1 230.15 亿元、1 636.53 亿元、2 335.47 亿元、2 947.11 亿元、3 177.89 亿元、3 399.76 亿元，2008—2015 年同比分别增加 154.55%、21.87%、13.28%、33.03%、42.71%、26.19%、7.83%、6.98%。尽管 2007—2015 年的“黄箱”综合支持量持续增长，但增幅并没有随之扩大，尤其是 2013—2015 年的三年中，增幅不断缩小。2016 年我国农业综合支持量较上年大幅下降，但此后几年并没有持续下降，2017 年和 2018 年连续两年回升。2016—2018 年的“黄箱”综合支持量分别为 1 547.61 亿元、2 591.85 亿元、2 267.57 亿元，同比分别减少 54.48%、增加 67.47%、减少 12.51%。2019 年和 2020 年再次下降，这两年的支持量分别为 2 234.42 亿元、627.49 亿元（图 2-11），依次下降 1.46%、71.92%。在中国向 WTO 通报的数据中，2020 年大豆生产者补贴从“黄箱”中的特定农产品补贴移入“蓝箱”政策补贴范围，因此特定农产品补贴金额较上年大幅下降 77.73%。此外，2017—2019 年我国“黄箱”政策支持的特定农产品只有小麦、稻谷和大豆三个品种，2020 年只有小麦和稻谷两个品种的最低收购价政策被列入特定农产品补贴范围，这也是最近几年“黄箱”综合支持量总体下滑的主要原因。

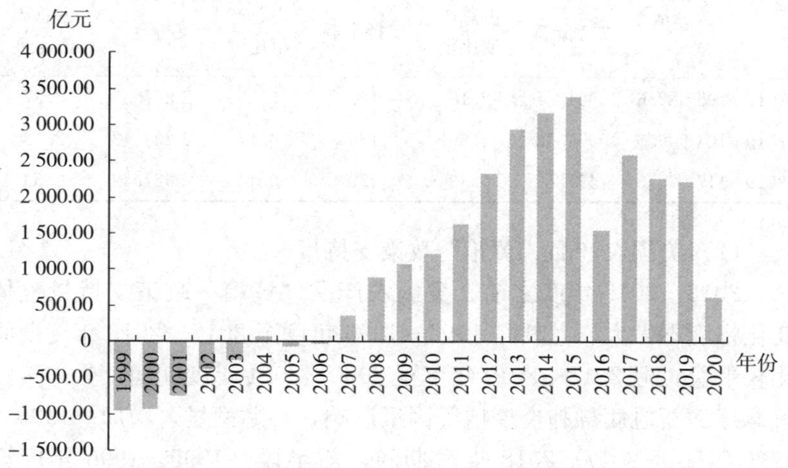

图 2-11　1999—2020 年我国农产品“黄箱”政策支持量

数据来源：世界贸易组织。

2018—2020 年，我国特定农产品的“黄箱”支持量分别为 2 081.57 亿元、2 054.42 亿元、457.49 亿元，占总产值的比例依次为 2.18%、1.96%、0.39%；非特定农产品的支持量分别为 186 亿元、180 亿元、170 亿元，占总产值的比例依次为 0.19%、0.17%、0.14%；包括特定农产品和非特定农产品在内的“黄箱”支持总量分别为 2 267.57 亿元、2 234.42 亿元、627.49 亿元，占总产值的比例依次为 2.37%、2.13%、0.53%。以上特定农产品支持量、非特定农产品支持量及包括二者在内的“黄箱”支持总量占总产值的比例均未超过我国承诺的 8.5%微量允许标准，且所余空间较大。2020 年特定农产品支持量占总产值的比例降至 0.39%，“黄箱”支持总量占总产值的比例也降至 0.53%（表 2-6）。

表 2-6 2018—2020 年我国“黄箱”政策措施使用情况

单位：亿元，%

年份	农业生产总值	特定农产品		非特定农产品		“黄箱”支持总量	
		支持金额	占总产值比重	支持金额	占总产值比重	支持金额	占总产值比重
2018	95 582.6	2 081.57	2.18	186	0.19	2 267.57	2.37
2019	104 906.5	2 054.42	1.96	180	0.17	2 234.42	2.13
2020	117 976.5	457.49	0.39	170	0.14	627.49	0.53

（2）美国农产品“黄箱”政策支持量

2018—2019 年度之前，美国农产品“黄箱”政策支持量整体变化幅度不太大，尤其是 1995—1996 年度至 2017—2018 年度期间比较平稳，但 2018—2019 年度至 2020—2021 年度期间，受中美经贸摩擦、新冠病毒肺炎疫情等因素影响，补贴额显著增加。1995—1996 年度至 2017—2018 年度期间，前半段（1995—1996 年度至 2007—2008 年度）的年度间变化幅度相对较大，后半段（2008—2009 至 2017—2018 年度）的年度间支持量较前半段有所减少，年度间也更稳定。最近的三个年度中，美国“黄箱”综合支持量逐年增长。2018—2019 年度至 2020—2021 年度的补贴金额分别为 260.67 亿美元、344.97 亿美元、367.54 亿美元，同比依次增长 59.41%、32.34%、6.54%，补贴额占总产值的比例分别为 7.06%、9.65%、9.84%，而之前的年度中，这一比例均没有超过

5%的上限（图 2-12）。

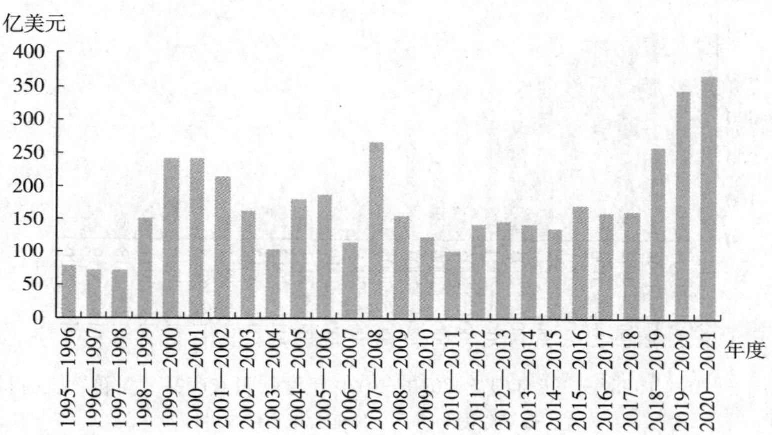

图 2-12　1995—1996 至 2020—2021 年度美国农产品“黄箱”支持量

注：2016—2017 年度及之前不同产品市场年度的起止日期不同；从 2017—2018 年度起，各品种的市场年度统一为 10 月 1 日至次年 9 月 30 日。

数据来源：世界贸易组织。

（3）欧盟农产品“黄箱”政策支持量

欧盟农产品“黄箱”政策支持量逐渐减少的趋势十分明显，1995—1996 年度至 2006—2007 年度期间，支持量从高位持续下滑，2007—2008 年度下降至较低水平之后降幅放缓。2007—2008 年度至 2012—2013 年度，“黄箱”补贴金额分别为 147.43 亿欧元、128.82 亿欧元、122.85 亿欧元、78.95 亿欧元、78.62 亿欧元、76.8 亿欧元，依次减少 48.24%、12.62%、4.63%、35.73%、0.42%、2.31%；2013—2014 年度至 2015—2016 年度，补贴金额分别为 79.73 亿欧元、84.75 亿欧元、95.43 亿欧元，依次增加 3.82%、6.3%、12.6%；2016—2017 年度至 2018—2019 年度期间再度减少，补贴额分别为 94.17 亿欧元、89.9 亿欧元、69.92 欧元，同比减少 1.32%、4.53%、22.22%；2019—2020 年度再次增加至 75.83 亿欧元，同比增幅 8.45%（图 2-13）。

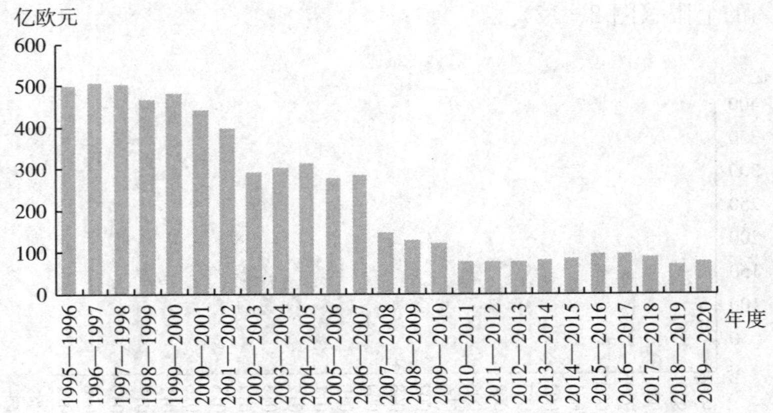

图 2-13　1995—1996 年度至 2019—2020 年度欧盟农产品“黄箱”支持量

注：市场年度为 7 月 1 日至次年 6 月 30 日。

数据来源：世界贸易组织。

（4）日本农产品“黄箱”政策支持量

日本农产品“黄箱”政策支持量在 1995—1996 至 1997—1998 财年期间的水平较高，1998—1999 财年大幅下滑之后保持相对平稳。其中，1998—1999 至 2014—2015 财年的补贴金额分别为 7 889 亿日元、7 700 亿日元、7 294 亿日元、6 868 亿日元、7 504 亿日元、6 599 亿日元、6 248 亿日元、6 114 亿日元、5 902 亿日元、4 994 亿日元、6 541 亿日元、7 243 亿日元、6 426 亿日元、7 417 亿日元、8 070 亿日元、7 822 亿日元、8 086 亿日元，1999—2020 至 2014—2015 财年的年均变化率仅 0.77%。2015—2016 财年至 2020—2021 财年的支持量不太稳定，补贴金额分别为 9 051 亿日元、8 645 亿日元、8 847 亿日元、9 012 亿日元、5 062 亿日元、6 573 亿日元，同比依次增加 11.93%、减少 4.49%、增加 2.34%、增加 1.87%、减少 43.83%、增加 29.85%（图 2-14）。

（5）我国“黄箱”政策支持量的国际比较

与美国、欧盟相比，我国农产品的“黄箱”政策支持量绝对数值相对较大。根据近年三个国家和地区向 WTO 通报的数据表明，

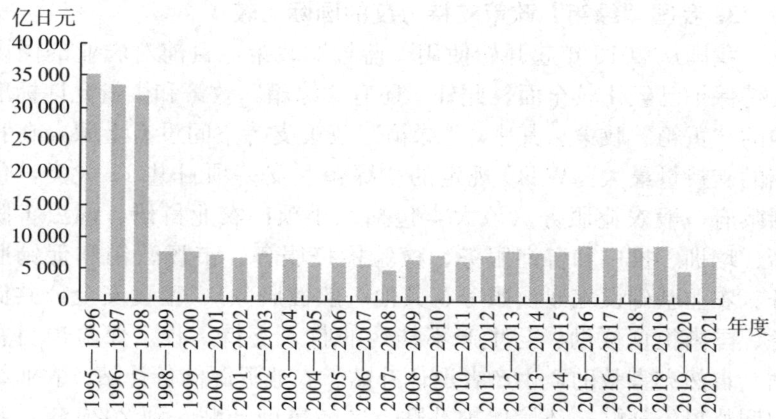

图 2-14 1995—1996 至 2020—2021 年度日本农产品“黄箱”支持量

注：日本财年从 4 月 1 日至次年 3 月 31 日。

数据来源：世界贸易组织。

我国的“黄箱”政策支持量在 2015 年达到历史高点后下滑，占农产品总产值的比例也显著下降；美国的支持量则显著上升，占总产值的比例甚至超过了 5%的上限；欧盟变动幅度最小，占比保持在 3%以下，是“黄箱”政策支持量最小的地区（表 2-7）。

表 2-7 近年中国、美国和欧盟的“黄箱”补贴支持量比较

单位：亿元，%

年度	中国		美国		欧盟	
	支持金额	占总产值比重	支持金额	占总产值比重	支持金额	占总产值比重
2017—2018	2 591.85	2.80	1 086.20	4.43	661.86	2.27
2018—2019	2 267.57	2.37	1 731.52	7.06	514.76	1.78
2019—2020	2 234.42	2.13	2 291.49	9.65	558.27	1.98

注：为方便比较，表中数据由原有的本币币值通过汇率计算为人民币币值，人民币兑美元和欧元汇率均为当年平均汇率；由于不同国家和地区向 WTO 通报的报告起止日期不同，表中支持金额的比较并不精确，其中中国的年份为 2017 年、2018 年、2019 年三个日历年，美国的市场年度为当年 10 月 1 日至次年 9 月 30 日，欧盟的市场年度为当年 7 月 1 日至次年 6 月 30 日。

3. 我国“绿箱”政策支持力度的国际比较

我国从 2016 年起开始使用“蓝箱”政策，目前对农业的国内支持保护已经比较全面。此外，还有“绿箱”政策和微量允许标准内的“黄箱”政策。其中，“绿箱”政策支持空间没有上限，在我国的支持量最大。WTO 规定的“绿箱”支持项目共 11 大类，包括政府一般农业服务（该大类包括八小项：农业科研、病虫害防治、培训、推广和咨询服务、检验检疫服务、市场营销和促销服务、农业基础设施建设服务、其他一般性服务）、粮食安全公共储备、国内粮食援助、与生产不挂钩的收入支持、收入保险项目补贴、自然灾害救助、生产者退休补贴、农业资源储备补贴、农业结构调整投资补贴、环境保护补贴、区域援助补贴。到 2020 年，我国总共使用了 9 个项目，收入保险项目补贴、生产者退休补贴两大类补贴没有使用过。2020 年我国“绿箱”政策支持量 12 561.46 亿元，占国内支持总额 13 188.95 亿元的 95.24%，较 2016 年的占比提高了近 6 个百分点，较 2010 年的占比提高了 13.78 个百分点。其中，一般服务支持水平最高，2020 年支出 6 781.70 亿元，占当年全部“绿箱”支持总额的 53.99%，较 2016 年和 2010 年的占比均增加了约 8 个百分点（表 2-8）。

表 2-8　2016—2020 年我国“绿箱”政策措施使用情况

单位：亿元

项目	2016 年	2017 年	2018 年	2019 年	2020 年
政府一般农业服务	6 065.41	5 791.59	6 430.76	6 898.90	6 781.70
农业科研	223.51	117.07	121.2	127.53	118.75
病虫害防治	140.87	129.53	157.43	227.64	170.70
培训	16.56				
推广和咨询服务	698.10	484.44	496.96	424.36	296.77
检验检疫服务	80.23	70.06	68.21	63.99	62.22
市场营销和促销服务	33.27	29.03	29.76	33.83	43.78
农业基础设施建设服务	1 602.09	2 622.96	3 303.99	3 316.28	3 489.17

（续）

项目	2016年	2017年	2018年	2019年	2020年
其他一般性服务	3 270.78	2 338.50	2 253.21	2 705.27	2 600.31
粮食安全公共储备	1 149.19	1 286.62	1 231.91	1 034.01	994.23
国内粮食援助	0.62				
与生产不挂钩的收入支持	1 632.59	1 701.46	1 642.54	1 296.15	1 700.12
收入保险项目补贴					
自然灾害救助	806.46	215.36	244.37	303.13	332.89
生产者退休补贴					
农业资源储备补贴	38.84				
农业结构调整投资补贴		327.76	357.12	303.74	236.30
环境保护补贴	1 234.63	998.46	1 152.95	1 301.54	1 246.78
区域援助补贴	2 203.78	651.87	880.18	1 061.38	1 269.44
“绿箱”补贴总额	13 131.52	10 973.12	11 939.83	12 198.85	12 561.46

我国“绿箱”政策重点在于促进生产，补贴资金主要倾向于有利于促进农业生产的农业基础设施建设服务、其他一般性服务和粮食安全公共储备等。近年，与生产不挂钩的收入支持、农业结构调整投资补贴、环境保护补贴和区域援助补贴金额有所增长，2020年这四项支出的金额分别为1 700.12亿元、236.30亿元、1 246.78亿元、1 269.44亿元，与2010年相比依次增加1 536.63亿元、236.30亿元、342.63亿元、845.95亿元，增幅分别为939.89%、37.90%、199.76%、134.96%。

在WTO规则限制下，各国对农业的支持保护政策均以“绿箱”为主。我国的“绿箱”政策支持量与美国基本相当，高于欧盟和日本等农业国内支持政策的主要使用国。2020年，我国“绿箱”政策支持量为12 561.46亿元，略低于美国的12 284.91亿元，欧盟“绿箱”政策支持量为5 413.68亿元、日本为1 597.88亿元。但由于我国农业人口较多，人均支持量并不高，2020年我国农村人口5.10亿，“绿箱”政策人均支持量2 463元。

从投入结构来看，各国对农业的支持目标和内容虽有相似之处，但农业支持保护的重点具有差异性，各国政府根据自身国情制定了有利于本国农业发展的支持保护政策。在“绿箱”政策中，我国和日本的一般服务支持量相对较高，2020年我国一般服务支持量占“绿箱”支持总量的53.99%，日本2020—2021财年一般服务支持量占“绿箱”支持总量的73.49%；美国2020—2021年度和欧盟2019—2020年度一般服务支持量分别占比7.38%、9.95%。由于我国实行临时收储政策和最低收购价政策，我国的粮食安全储备补贴在四个国家和地区中最高，为994.23亿元，美国为0，欧盟为1.59亿元，日本为11.50亿元，我国的补贴是欧盟的625倍，是日本的86倍。在中国、美国、欧盟和日本这四个国家和地区中，欧盟的“绿箱”政策使用最全面，所有补贴项目均有涉及，而且注重提高农民收入，各项支出最高的是与生产不挂钩的收入补贴，占政策箱总支出的43.04%；我国与生产不挂钩的收入支持在2016年大幅提高之后一直保持在较高水平，2020年占“绿箱”总支出的13.53%，较2015年提高11.53个百分点；美国比较重视农产品消费者的利益，粮食援助补贴占比最高，2020—2021年度该项补贴金额为11 062.05亿元，占“绿箱”支持总量的90.05%（表2-9）。

表2-9　国际“绿箱”政策措施使用情况对比

单位：亿元

项目	中国（2020年）	美国（2020—2021年度）	欧盟（2019—2020年度）	日本（2020—2021财年）
政府一般农业服务	6 781.70	907.17	538.44	1 174.35
粮食安全公共储备	994.23		1.59	11.50
国内粮食援助		11 062.05	116.80	0.45
与生产不挂钩的收入支持	1 700.12		2 329.82	
收入保险项目补贴			28.67	
自然灾害救助	332.89	16.21	74.06	24.92

（续）

项目	中国（2020 年）	美国（2020—2021 年度）	欧盟（2019—2020 年度）	日本（2020—2021 财年）
生产者退休补贴			29.02	76.12
农业资源储备补贴			12.03	
农业结构调整投资补贴	236.30	5.73	555.14	44.23
环境保护补贴	1 246.78	293.75	629.10	249.63
区域援助补贴	1 269.44		485.54	16.68
其他补贴			613.46	
“绿箱”补贴总额	12 561.46	12 284.91	5 413.67	1 540.88

注：表中数据均为各国家和地区向 WTO 通报的最新数据，为方便比较，表中数据由原有的本币币值通过汇率计算为人民币币值，人民币兑美元、欧元、日元汇率均为报告期内的平均汇率。

4. 中美大豆支持保护水平比较

（1）WTO 框架下我国大豆“黄箱”支持量

我国大豆良种补贴、临时收储价格支持及目标价格补贴均属于 WTO 规则内的特定产品综合支持量，即“黄箱”补贴。根据加入 WTO 时的承诺，我国特定农产品综合支持量的微量允许标准为 8.5%。因此，我国大豆“黄箱”补贴金额受到大豆产值 8.5%的微量允许标准限制，即我国对大豆的“黄箱”补贴额占总产值的比例低于 8.5%时，不需要削减；高于 8.5%时，则需要削减。

2002 年我国大豆享有补贴政策以来，只有良种补贴一种补贴时，补贴额占总产值的比例一直偏低。在临储收购政策和目标价格补贴政策实施之后，补贴金额大幅增加，占总产值的比例也开始提高。根据中国向 WTO 的通报数据，2002—2010 年，大豆每年的“黄箱”补贴金额一直在 10 亿元以下；2011 年之后随着临时收储政策和目标价格补贴试点政策的实施，补贴金额迅速攀升。2011—2016 年的补贴金额分别为 35.81 亿元、57.89 亿元、26.60 亿元、75.83 亿元、65.80 亿元、73.47 亿元（图 2－15），占大豆总产值的比例依次为5.48%、9.03%、4.31%、12.59%、12.24%、13.76%（图2-16），其中2014—2016年三年的比例超过了8.5%，均需要进行削减。2017—2018年的补贴额继续增长，这两年的补贴额分别为100.59亿元、137.79亿元，占总产值的比例依次为15.06%、19.09%；2019年达到176.73亿元的历史最高点，占总产值的比例高达21.50%，远超8.5%的微量允许标准。2020年大豆生产者补贴被移入“蓝箱”补贴范围，不计入综合支持量，也免于减让承诺。

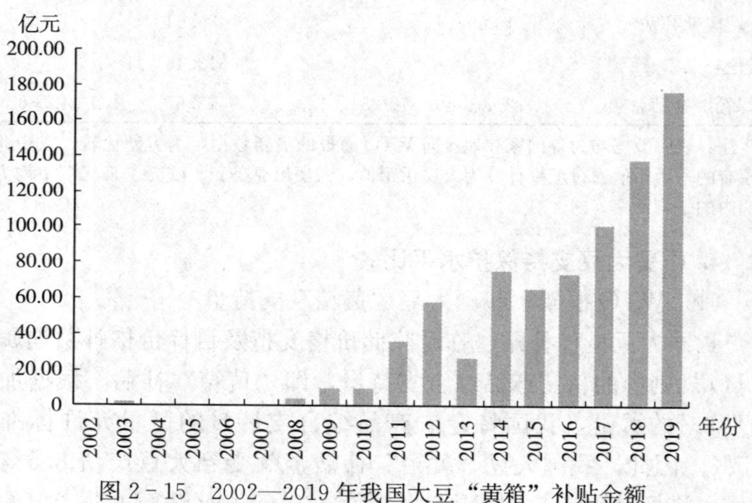

图2-15　2002—2019年我国大豆“黄箱”补贴金额

数据来源：根据WTO网站数据整理计算。

（2）WTO框架下美国大豆“黄箱”支持量

美国向WTO通报了1995—1996年度至2020—2021年度的大豆“黄箱”补贴数据。26个年度中，1995—1996年度至1997—1998年度的支持量分别为0.16亿美元、0.14亿美元、0.45亿美元，占大豆总产值的比例为0.11%、0.08%、0.26%，补贴水平较低。1998—1999年度至2001—2002年度大幅增加，补贴金额分别为12.75亿美元、28.56亿美元、36.14亿美元、36.23亿美元，占大豆总产值的比例依次为9.45%、23.40%、28.99%、28.74%，

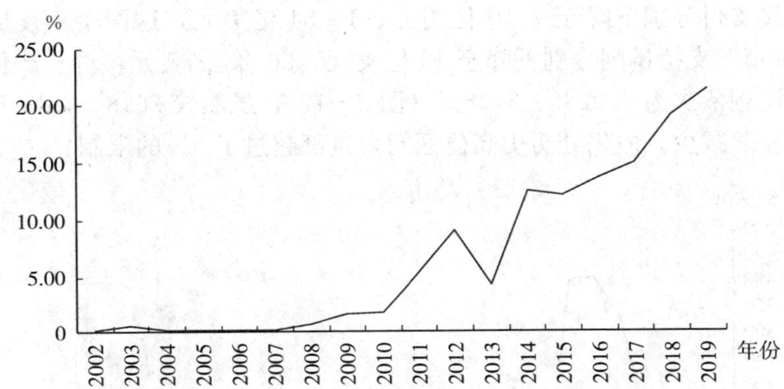

图 2-16　2002—2019 年我国大豆“黄箱”补贴额占产值比例

数据来源：2002—2004 年大豆产值根据总产量和平均售价计算所得，2005—2019 年产值及占比均源自世界贸易组织。

均大幅超过了发达国家 5%的比例上限，也是 26 个年度中水平相对较高的一个阶段。2002—2003 年度至 2007—2008 年度的补贴金额再度下降，分别为 0.52 亿美元、0.25 亿美元、5.06 亿美元、0.69 亿美元、0.65 亿美元、0.05 亿美元，占总产值的比例依次为 0.34%、0.14%、2.83%、0.40%、0.32%、0.02%，补贴水平偏低。2008—2009 年度至 2017—2018 年度的补贴金额显著提高，分别为 14.78 亿美元、14.06 亿美元、11.94 亿美元、16.16 亿美元、14.79 亿美元、15.39 亿美元、1.46 亿美元、13.92 亿美元、12.07 亿美元、16.26 亿美元，占总产值的比例依次为 5.02%、4.37%、3.18%、4.19%、3.38%、3.53%、0.37%、3.96%、2.97%、3.94%，占比较上一阶段明显上升，但只有 2008—2009 年度的比例略微超过 5%的上限，其他年份比例均在 5%以下。2018—2019 年度，美国大豆“黄箱”支持量暴增至 84.97 亿美元，占总产值的比例高达 23.08%，原因是这一期间中美发生经贸摩擦，美国大豆出口中国受阻，为缓解贸易摩擦对农户的冲击，美国政府提供给大豆农户大额支付金，导致不可豁免的直接支付从上年度的 0.05 亿美元暴增至 70.66 亿元。2019—2020 年度和 2020—2021 年度，不可豁免的直接支付分别下降至 7.10 亿美元、10.54 亿美元，这两个年度的“黄箱”支持量则分别下降至 19 亿美元、23.23 亿美元，占总产值的比例依次为 6.22%、5.08%（图 2 - 17），虽然较 2018—2019 年度显著减少，但仍处历史高位区间，且都超过了 5%的限制。

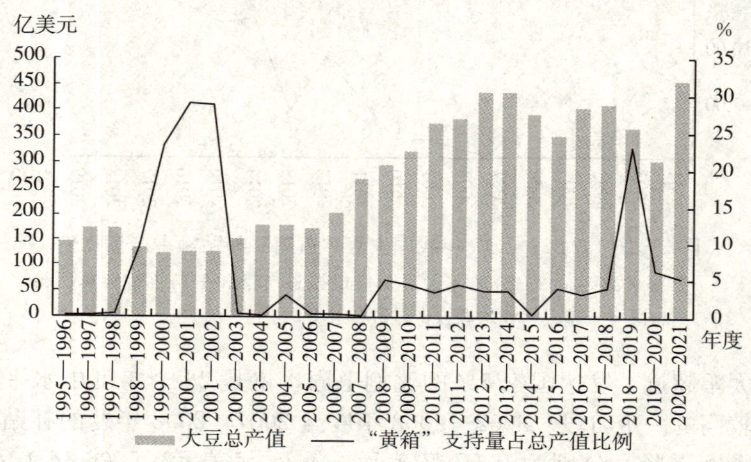

图 2 - 17　1995—1996 年度至 2020—2021 年度美国大豆“黄箱”支持量及占产值比例

数据来源：根据 WTO 网站数据整理计算。

（二）OECD 测算方法

1. OECD 农业支持政策评价体系

OECD 农业支持政策评价体系创建于 20 世纪 80 年代中期，测量范围较大。为了测度和评估各国农业补贴的支持水平及效果，OECD 将农业补贴支出予以分类，测算了一系列指标体系，主要包括支持总量估计值（TSE）、生产者支持估计值（PSE）、消费者支持估计值（CSE）和一般服务支持估计值（GSSE）等。

在这三类农业支持政策中，生产者支持估计值（PSE）在总支持水平中所占比重最大，是指按照农户销售价格测算出来的、由农业补贴政策措施产生的、每年由消费者和纳税人转移到农业生产者的净现金转移额的指标，包括市场价格支持（MPS）和转移支付(BT)。其中，在计算MPS时，需要根据某种农产品占全部农产品总产值的比重选定MPS计算应涵盖的商品，OECD方法要求涵盖的商品范围占过去三年全部农产品总产值的70%以上。然后，计算选定范围内商品的市场价格支持。最后，根据所涵盖商品的总产值占全部农产品总产值的份额推算出全部农产品的市场价格支持。

消费者支持估计值（CSE）是指消费者因政策措施所获得的转移支付总量，包括为保证国内农场交货价格高于边境价格而进行的支付和为特定群体提供的补贴。CSE为正值，表示消费者获得纳税人和农业生产者的补贴；为负值，说明消费者被隐性征税。

一般服务支持估计值（GSSE）是政府对农业生产者源于财政预算的转移支付，是提供给农业部门用于社会一般性服务方面的支持，并不针对某个特定的生产者和消费者。2014年OECD对一般服务支持的定义做了修改，缩小了GSSE的统计范围，更突出了对农民的支持。

此外，为比较不同经济体农业支持水平和结构，OECD提出了%TSE、%PSE、%CSE、%GSSE和%MPS等指标。其中%TSE表示TSE在GDP中的比重，%PSE、%CSE、%GSSE分别表示PSE、CSE、GSSE在TSE中的比重，%MPS表示MPS在PSE中的比重。

2. 2018—2020年中国农业支持政策的特征及最新变化

第一，近三年生产者支持估计值（PSE）占农业总收入的比重逐渐下降，2018—2020年平均为13.0%。2016年之前，对农业生产者的支持估计值（PSE）在农业总收入中的份额稳定增长，此后这一份额逐渐下降，2018—2020年占农业总收入的比重平均为13.0%。主要原因是对大豆、油菜籽、棉花和玉米的市场干预措施(临时收储政策)，以及小麦和稻谷最低收购价政策进行了改革。改革使生产者支持内部的各类支持的绝对量和比重也发生了变化：自2014年起，基于种植面积的转移支付的绝对额一直在增加；但市场价格支持仍然是重要的生产者支持手段，占生产者支持总量的

66.1%，占总支持的56.8%。按照OECD的定义，市场价格支持不仅包括通过诸如最低收购价和临储收购等国内价格支持政策直接对农业生产者的支付，还包括通过诸如关税税率、关税配额等进口边境措施对农民出售价格的间接影响，造成农业生产者售出产品价格提高，进而多收入的部分。OECD报告认为，2018—2020年，对生产者的支持超过三分之二是以可能最扭曲的转让形式提供的，这是自21世纪以来的一贯模式。报告中MPS占PSE的比重为66.1%。OECD报告还认为，2014年之前人民币兑美元升值，此后人民币兑美元名义贬值，对国内外价格差距变化形成影响，有助于稳定近年来的市场价格支持水平。

出口商品的价格不受支持，不同进口商品的MPS水平不同。除了出口的鸡蛋、花生、水果和蔬菜等，生产者还因大量的转移支付获益，2018—2020年，转移支付占产品总收入的10%～60%。

第二，消费者支持估计值（CSE）长期为负。2018—2020年，农民农产品出售价格平均比世界价格高10%，更高的国内生产者价格表明对消费者征收隐性税，2018—2020年，消费者支持百分比估计值为－9.6%。

第三，近三年一般服务支持估计值（GSSE）占农业总收入的比重逐年下降，2018—2020年平均为2.1%。GSSE主要是政府财政支持，其中支持数量最大的三类分别是国有企业、基础设施发展和维护、农业知识和创新系统。然而，2018—2020年，GSSE占农业总收入的比重逐年下降，三年平均占比2.1%，低于OECD评估国家的平均水平。

由于消费者支持估计值长期为负，因此农业总支持估计值（TSE）就是生产者支持估计值（PSE）和一般服务支持估计值（GSSE）二者的总和。2018—2020年，PSE占TSE的比重逐步增加，各年分别为83.8%、86.2%和87.4%，而GSSE占TSE的比重则相应下降，三年平均占14.2%。PSE中占比最大的是MPS，三年占比平均为66.1%。这种结构是21世纪以来逐渐形成的。

20世纪90年代末，中国对农业部门的支持主要是预算拨款，用于投入补贴和农业一般服务支持，而市场价格支持为负。然而，自 2002 年以来，市场价格支持增加，并成为支持农业生产者的主要工具。2009 年后，中国继续提高最低支持价格，造成了国内和国际市场之间的巨大价格差距。2014—2016 年，对油菜籽、大豆、棉花和玉米等大宗农产品支持政策的改革导致 MPS 减少，在此之前对农民的市场价格支持一直在增加。尽管如此，MPS 仍占 PSE 的三分之二以上，其次是对基于当前面积的支付和投入补贴等预算支持。

2018—2020 年，农业总支持估计值（TSE）占农业总收入的比重呈下降趋势，各年分别为 16.2%、14.9%和 14.5%，但与 21 世纪初相比占比提高了不少。2000—2002 年，TSE 占农业总收入的比重平均为 9.8%。

自 21 世纪初以来，农业总支持估计值（TSE）占 GDP 的比例保持相对稳定，2018—2020 年的%TSE 平均为 1.6%，尽管看起来很低，但仍是 OECD 评估所覆盖国家中的最高值之一，约为 OECD 所评估国家平均水平的三倍。

3. OECD 对中国农业支持政策的评估和建议

OECD 在《2021 年经合组织国家和新兴经济体农业政策：监测与评估》报告中，对中国农业政策制定情况评价要点如下：

第一，近年以基于种植面积的直接支付取代关键作物价格干预的改革，是朝着重新平衡政策组合的方向迈出的一步。这反映出中国对长期生产率增长和重视可持续性的政策导向日益增强。玉米采购和储存系统向直接支付的改革（玉米临储收购制度改为生产者补贴政策）减轻了公共库存成本负担。但公共库存成本仍然是一般服务支持中最大的支出份额，针对玉米的改革可以逐步扩展到小麦和稻谷。如果对农民的直接支付能够长期维持，这些支付和生产决策之间的联系就会放松，例如通过提供基于历史种植面积的支付，并通过促使农民有条件进行环境友好型生产实践来实现“绿色种植”。

第二，一般服务支持的公共支出有所增加，但速度慢于对个体生产者的支持。需要做出更多努力来调整农业支持的结构，增加对农业研发、农业基础设施的公共投资。特别是，对卫生检查和控制服务的进一步投资将是支持执行《中华人民共和国食品安全法》修订条款、全国疾病和害虫监测系统建设、最终恢复受非洲猪瘟影响的猪肉部门的关键。公共支出的这种调整可以通过减少投入补贴（归属于 PSE 的部分）来实现，例如减少购买农业机械的补贴，还可以通过以直接支付提供的支持在支撑农民适应新的市场环境方面起到短暂的过渡性作用来实现。

第三，土地转让规则的改革促成了新型农场的出现，包括大型家庭农场、合作农场和农业综合企业经营的农场。为了继续取得预期成果，这些改革需要辅之以对教育和培训的投资，并改善获得金融服务的机会。

第四，为建立坚实的农业环境政策框架，中国应确定适合当地生态条件的环境目标，并建立监测机制以加强环境法规的执行。在这个意义上，根据 2019 年《中华人民共和国土壤污染防治法》，需要全面建立土壤环境信息平台和监测系统以定期对土壤进行检查，这可以为农业用水方面的定期检查创造样本和条件。具体而言，对建立国家地下水环境监测系统已经有持续的讨论，对水治理的全面审查可以更好地界定责任、消除冲突，并确保政策有效、高效执行。

第五，中国的国家自主贡献（NDC）承认农业对其整体经济减排目标的重要性，但没有设定具体部门的目标。尽管如此，一些政策旨在通过关注肥料利用效率、减少水稻种植的排放、促进农业沼气生产来减少温室气体（GHG）的排放。各机构提出了若干计划，对农业部门适应气候变化强化政策支持。在这方面，生态环境部可以在当前和计划方案中纳入采用的政策目标，包括更好地针对农民的推广服务。此外，在扩大保险费覆盖面之前，对农业保险费补贴的绩效评估可以评估其成本效益和补贴后的影响。

4. OECD 对中国农业领域最新政策的看法

OECD 报告还注意到 2020—2021 年以来中国农业领域最新的政策变化，特别是针对新冠病毒肺炎疫情所采取的一些具体政策，包括贸易政策等。这些政策都体现在中央1号文件、《中华人民共和国国民经济和社会发展第十四个五年规划和2035年远景目标纲要》等中。主要包括以下几个方面：

一是有关粮食生产和供应的政策。如提高粮食产量、增加对国内种业的支持、加强农业中数字技术的使用、限制农田向非粮食作物的进一步转移、增加地方政府在粮食安全方面的责任、巩固中央政府对各地区库存的监督。具体的目标还有每年粮食产量保持在6.5亿吨以上、增加玉米种植面积、支持油菜籽和花生等油料作物生产、促进猪肉生产等。2020年2月，籼稻最低支持价格也是自2014年以来的首次上调，“十四五”规划中还提出2021—2025年进一步提高小麦和稻谷的最低收购价格等。

二是为应对新冠病毒肺炎疫情采取了一系列与农业食品部门相关的措施。重点是体制措施、总体经济措施、对农业生产的支持、信息和协调措施。此外，还有影响供应链运作的贸易措施，如在国内和进口食品及食品包装中检测传染性新型冠状病毒物质的措施，在边境引入农业食品贸易的新冠病毒肺炎疫情附加议定书，建立由国家市场监管总局（SAMR）管理的在线国家可追溯平台并在13个省份运行。

三是贸易政策的新变化。如食糖保障措施结束后中国对配额外食糖进口实行自动进口许可，中国加入区域全面经济伙伴关系（RCEP）后，关税承诺表预计对肉类产品等选定的农业食品商品进行关税削减和逐步淘汰，而谷物等其他商品则基本被排除在外。

四是乡村振兴战略。OECD认为，这一战略的目的是缩小城乡发展差距，预计将增加对农村基础设施和金融服务、农业食品供应链和农业企业的投资，会越来越有助于农业食品供应链的发展。

五是中国在针对气候变化的《巴黎协定》中的国家自主贡献（NDC）承诺等。OECD认为，虽然NDC明确提到农业、土地使用的变化、林业，但尚未为农业部门设定具体的净排放目标。为农业设定的唯一具体量化目标是到2020年实现化肥和农药使用量的零增长，但据农业农村部报告，这一目标在2018年已经实现。其他更广泛的目标包括控制稻田甲烷排放和农田一氧化二氮排放，促进秸秆的综合利用或农业废物的再利用。OECD 还关注到中国的《国家农业可持续发展计划（2015—2030 年）》设定了自然资源保护、保护环境的耕作方式以及注重生产质量和效率方面的目标和路径。它通过考虑农业生产能力、资源禀赋和生态特征，为不同地区设定优先事项。

OECD 将中国归类为中上收入经济体，依据是中国人均 GDP（按购买力平价调整）接近 OECD 报告所涵盖国家平均值的 76%。OECD 认为，中国的人均水资源和农业用地匮乏，是农业资源稀缺的国家，这导致农业与其他土地和水资源使用者之间的激烈竞争。农业人口占就业人口的 25.4%，但农业产值只占国内生产总值的 7.4%，表明劳动生产率明显低于其他经济部门，即使农村收入高速增长，但仍然只有城市收入的三分之一左右。过去 30 年来，包括合作社和公司农场的农业大规模生产发展迅速，北方和东北省份的农业整合速度比其他地区更快，因为劳动力流动性增加和农民之间的土地转让导致了农业结构的调整，而畜牧业生产主要来自更大规模的商业单位。

2007—2016 年，中国农业产出平均增长 2.8%，比世界平均水平高出近三分之一，这是由每年 3.2%的全要素生产率强劲增长推动的，是全球平均水平的两倍。全要素生产率的增长在很大程度上可以归因于农业整合和生产机械化的提高。然而，农业产出的快速持续增长对自然资源，尤其是土地和水资源造成了越来越大的压力，反映在土壤中氮和磷的含量较高，2019 年分别为 40.5 千克/公顷和 10.6 千克/公顷，与此相对比，OECD 平均水平为 28.9 千克/公顷和 2.6 千克/公顷。中国农业用水占总用水量的 61.2%，远高于 OECD 的平均水平（43.4%）。中国水资源压力指数为 20.8，是 OECD 平均值（8.5）的两倍多。

六、完善中国大豆生产补贴和产业发展政策的建议

目前我国大豆生产效率和水平偏低，且面对保护程度非常低的

单一低关税税率贸易环境，稳定大豆生产、提高国内大豆自给率需要增强对大豆生产的政策性支持和保护力度。综合对 21 世纪以来我国大豆生产支持政策的评估分析，以及运用 WTO 和 OECD 方法对我国现行大豆政策的支持和保护力度进行测算的结果分析，我们认为，未来需要在稳定和完善现行的大豆生产者补贴、大豆轮作休耕等政策的基础上，一方面建立覆盖更多诸如良种繁育和推广、种植保险等生产关键环节的支持政策，另一方面还要进一步完善大豆全产业链的配套政策，包括建立加工流通、消费引导、市场拓展等产业配套政策，发展政策综合效应，提高大豆产业整体竞争力。

（一）稳定和完善大豆生产者补贴政策

2017 年开始实行的大豆生产者补贴政策对促进大豆种植、提高农民种植收益发挥了较为积极的作用，更好地促进了大豆种植和种植结构调整。国家的补贴支出完全可控，没有造成明显的压力和负担，而且操作简便，实施过程平稳，实施效果较好。这一措施与欧盟的脱钩补贴比较接近，没有“扭曲市场”的作用，但随着大豆生产者补贴额的提高，大豆种植面积和农民种植收入增长幅度将逐渐缩小。从 2020 年开始，我国大豆生产者补贴政策被划入 WTO“蓝箱”补贴的范围，为了未来更好地进一步拓展补贴空间，可考虑将生产者补贴调整为与当期种植面积脱钩的“绿箱”补贴政策，保证农民种植收益不会发生太大变化，而且基本可以维持种植结构调整的现有成果。从国际经验来看，脱钩化补贴是国际农业补贴政策的一般发展趋势，可降低政策执行成本，且属于“绿箱”补贴范畴，补贴空间大幅增加。从 OECD 国家直补结构来看，20 世纪 80 年代末，不挂钩补贴仅占 7.59%，到 2016 年，已有 46.65%的生产者补贴与当期生产脱钩。脱钩补贴的效果最好，政府支出最少，可控程度最强，脱钩补贴可作为大豆生产者补贴政策的发展方向。

（二）扩大大豆轮作补贴政策实施范围

从 2016 年开始，为更好地调整种植结构，促进生态环境改善和绿色发展，我国在粮食主产区实行了耕地轮作休耕试点，到2022年已连续实行六年，逐渐成为常态化的补贴政策，未来预计还将继续实行。其中涉及大豆作物的主要是轮作补贴，试点区域主要包括东北三省、内蒙古自治区，以及山东、安徽、江苏、河北等黄淮海产区，且这些地区的轮作补贴所适用的作物主要是大豆。以黑龙江为例，自轮作补贴试点实行以来，持续以三年为周期，推广“一主多辅”的种植模式，以玉米和大豆轮作为主，小麦、杂粮杂豆、薯类、饲草、油料作物等轮作为辅，补贴对象囊括种植大户、家庭农场、农民专业合作社等新型农业经营主体和普通农户，且规定试点补助对象是实际生产经营者而非土地承包者。自轮作补贴试点政策实行以来，涉及大豆的轮作补贴始终稳定在每亩150元，每年的补贴面积都在1 000万亩以上，较好地调动了当地农户轮作种植大豆的积极性。经过多年的试点，大豆-玉米轮作已经逐渐成为黑龙江大豆主产区农户的自觉行为，即便没有轮作补贴，“调茬”种植也已经成为一些农户的种植习惯。为进一步发挥轮作制度优化种植业结构，稳定大豆种植，且在促进生态环境改善和资源永续利用，节本增效等方面的综合作用，可以考虑扩大已经实行大豆轮作制度的区域的补贴面积，同时在非大豆主产区也可新设大豆轮作补贴政策。此外，随着补贴管理能力的提升和管理措施的完善，部分地区可考虑逐渐摒弃大豆轮作补贴和种植面积挂钩的方式，将轮作补贴进一步惠及种植规模较小的普通农户。同时，轮作休耕补贴也可计入WTO规则里的“绿箱”补贴，而不受补贴数量和金额的限制。

（三）完善大豆良种繁育和推广等支持政策

目前我国大豆价格竞争优势远低于进口大豆，原因在于国产大豆的种植成本较高，而单位面积产量较低是制约大豆种植成本降低的关键因素。高产优质品种的繁育和推广始终是提升我国国产大豆市场竞争力的根本和关键。但这受到多方面因素的制约，和目前我国大面积推广种植的玉米不同，大豆是自交种，部分种植大豆的农户普遍都有种植自留种的习惯，而即便好的大豆品种经过多年的自留种植，其品种特性也会发生退化。从 2022 年对黑龙江大豆育种基地之一的北安市的调查情况看，当地种子企业普遍反映大豆制种利润低，如果豆种卖得贵，农户就用自留种，因此豆种定价不能太高，造成利润空间受限，当地育种企业生产销售 1 吨豆种净利润仅 300 元左右，且企业贷款成本较高。这些对育种企业的育种积极性造成影响，也制约了市场化的大豆良种繁育和推广。此外，大豆良种的推广和地方政府的引导和鼓励密切相关，如果政府和基层农业部门重视大豆良种推广工作，那么当地一般会广泛种植优良品种，单产和品质相对较高。因此，下一步在提升大豆育种基础科研能力和资源储备的基础上，可考虑将大豆良种繁育和推广的政策支持重点放在市场化育种和推广上，通过对企业研发环节和贷款环节进行补贴等手段，切实调动种子企业开展良种繁育和推广的积极性，从源头上提高大豆的生产效率，提高国产大豆的市场竞争力。

（四）完善大豆完全成本保险和种植收入保险政策

近年我国粮食作物保险政策发生了较大变化，2021 年开始在粮食主产区试点三大粮食作物完全成本保险和收入保险等。与以往的粮食种植保险政策相比，新的试点政策逐渐改变了原有的政策性保险难以覆盖全部种植成本、种植收益难以保障的状况。与三大主粮相比，2021 年保险政策试点并未覆盖大豆品种。以黑龙江为例，在齐齐哈尔市的克东县，针对大豆种植户仅实行直接物化成本保险，每亩保费 12 元，农户缴纳 20%，最高赔付 200 元，因保额低被农户称为“小成本保险”。当地大户表示，由于大豆种植保险保障程度低，种豆收益随年景好赖和大豆价格涨跌大幅波动，从风险应对方面难以与同季的玉米相竞争。近年国内大豆主产区大豆规模化种植发展迅速，技术装备水平有很大提高，但土地集中后种植大户也承担着巨大的自然和市场风险。2023 年中央 1 号文件提出“实施好大豆完全成本保险和种植收入保险试点”，为大豆作物种植保险改革和完善提供了契机。今后可考虑在总结经验的基础上，进一步完善和推广大豆完全成本保险和种植收入保险，并逐渐推广其成为覆盖国内大豆种植的保险制度，切实为大豆种植户提供较为完善的风险保障。

（五）鼓励生产主体利用期货开展国产大豆交易和流通

2019 年大连商品交易所对国产大豆期货产品“豆一”进行了交割标准改革，增加了蛋白含量标准，使期货交割标准与现货市场交易习惯接轨，打开了现货经营企业、生产加工企业利用期货工具的通道，吸引了更多实体企业参与。同时交割库北移至黑龙江产区，使大豆实物交割更加便利，彻底解决了因运输不便而影响交割的问题。可以说，随着国产大豆生产规模的扩大，通过期货市场开展交易的情况将变多，国产大豆市场体系正在由传统的现货买卖的一维市场向期现结合、期权、基差、套利、仓储物流协同、供应链金融服务融合发展的综合市场过渡。因此，下一步应加大对大豆产业市场主体，特别是新型大豆生产经营主体运用期货市场开展经营、控制风险的培训等的支持，运用期货市场工具，多途径分散生产经营风险，提高大豆种植收益。

（六）建立加工流通和消费引导等产业配套政策

大豆生产的目的是满足消费需求，目前普遍的情况是大豆种植和市场加工及产品消费需求的对接咬合问题并没有得到有效的解决，种植、加工、产品消费市场之间信息严重不对称。一方面，生产出的大豆在品质和特性方面难以满足加工企业的要求，市场接受度不高；另一方面，企业又买不到适合产品加工特性的原料大豆。既造成资源浪费，又影响了国产大豆的有效供给。建议今后在完善大豆生产补贴政策的同时，特别增加对生产、加工、消费全环节的通盘考虑，支持引导大豆产加销一体化，面向市场和加工企业选择品种、扩大面积、提高单产，弥合国产大豆生产供给与加工企业需求之间的差距。同时对研发能力强、技术水平高、市场前景好的大豆加工企业，加大用地、研究经费、信贷资金等方面的支持力度，培育一批有品牌影响力的国产大豆加工企业。引导规模种植户与加工企业提前对接，促进品种引进、技术推广、专收专储等，形成优质优价机制，增加国产大豆有效供给。通过市场机制，真正发挥国产大豆的优势特性；通过延长产业链、提升价值链，稳定大豆生产。

第三章

中国大豆市场供需和发展趋势

进入 21 世纪，我国大豆供应量和需求量同步增加，但由于国产大豆生产规模有限，总体表现为产不足需、缺口扩大、大豆进口数量总体趋增的特点。2008—2015 年，尽管国内大豆生产有东北主产区的临储收购和目标价格补贴政策支持，但大豆种植效益仍低于同季种植的玉米，大豆面积和产量持续保持低位，2015 年产量仅为 1 237 万吨，是 1993 年以来的最低水平。从 2016 年开始，在供给侧结构性改革、玉米面积调减、大豆振兴计划、大豆和油料产能提升工程等一系列政策支持下，我国大豆面积和产量总体增长，2022 年大豆产量达到 2 029 万吨的历史最高位。从需求来看，进入 21 世纪后，我国大豆消费需求增加较快，21 世纪第一个十年消费量累计增长 1.4 倍，年均增速 8.5%，第二个十年累计增长 76.2%，年均增速 4.4%，2022 年消费量达到 1.09 亿吨。我国大豆消费主要包括压榨加工、食用、种用等，呈现出进口大豆用于压榨加工满足饲用和食用植物油消费需求，而国产大豆主要满足食用和食品加工需求的市场分化特征。

食用消费对大豆蛋白含量、非转基因的特性有一定要求，主要由价格更高的国产大豆来满足，刺激了近年国内高蛋白食用大豆的种植规模扩张。食用需求与人口总量和结构密切相关且相对稳定，近年保持在 1 300 万～1 400 万吨，约占大豆消费总需求的 12%。由于国产大豆种植成本高、产量有限，压榨用大豆市场逐步让位于价格更低廉、更具市场竞争力的进口大豆，导致进口大豆随国内养殖行业饲用蛋白需求的增加而快速增长。加入 WTO 后，我国大豆进口实行 3%的单一低关税政策也助推了大豆进口规模的增长。从 2018 年开始，受中美经贸摩擦、新冠病毒肺炎疫情、国内养殖业需求变动等因素影响，大豆进口量有所波动，但总体仍保持在 9 000 万吨左右的高位。从未来我国大豆市场供需发展看，随着国产大豆面积的小幅增加、逐步企稳以及单产能力的提升，国产大豆产量和自给率仍有一定的提升空间。同时，经历了改革开放以来 40 余年的发展后，国内经济发展进入相对平稳阶段，且人口规模已过峰值，人口结构也发生了较大变化，预计未来我国大豆市场需求及进口规模将趋于稳定。

一、近年中国大豆产量整体呈增长趋势

（一）2008—2015 年大豆生产规模震荡下滑

2008—2013 年，我国在东北三省和内蒙古自治区实行大豆临储收购政策。其间国有粮食企业按照临时收储价格进行大豆收储，并负责仓储物流及向下游加工企业销售。这一时期主产区生产的 30%～50%的大豆进入政府的储备库中，政策启动初期的收购量甚至达到了全国产量的 50%左右，国有粮食企业在大豆购销过程中起主导作用。2008—2013 年，临储收购价格逐年提高，2013 年收购价达到每吨 4 600 元。2014 年国家取消大豆临时收储政策，2014—2016 年在东北三省和内蒙古自治区试点大豆目标价格补贴政策，目标价格一定三年，为每吨 4 800 元，以市场化收购为主导。同期大部分时间内，由于玉米临时收储价格也在逐年上涨，且玉米亩产远高于大豆，玉米种植比较收益明显，大豆面积、产量持续下滑，2015 年降至 1.02 亿亩、1 237 万吨的阶段性低点。

（二）2016—2020 年大豆生产规模恢复性增加

在一系列政策调整和支持下，2016—2020 年，我国大豆产量连续五年增加。2016 年我国实行农业供给侧结构性改革，在玉米库存高企的背景下取消玉米临时收储政策，采用“市场化收购＋生产者补贴”的政策，当年玉米市场价格大幅下跌，大豆种植比较收

益高于玉米，大豆面积恢复性增长。从 2017 年开始，国家在东北三省和内蒙古对玉米和大豆同步实行“市场化收购＋生产者补贴”的政策措施。生产者补贴是国家不直接干预市场价格，不进行托市收购，还可通过对玉米和大豆实行差额补贴从宏观上调节二者种植面积的政策。从黑龙江产区 2017—2021 年的大豆、玉米生产者补贴标准来看，大豆的补贴标准持续高于玉米，2019—2021 年每亩补贴甚至高出玉米 200 元以上。除生产者补贴外，2016 年起国家在东北、黄淮海等粮食主产区开展轮作休耕补贴，鼓励“粮豆轮作”，每亩补贴 150 元。2019 年农业农村部发布了《大豆振兴计划实施方案》，对大豆种植面积、单产水平、产品品质及大豆种植绿色发展提出了一系列目标。2020 年我国大豆面积达到 1.48 亿亩，创 1965 年以来的最高水平，产量达到 1 960 万吨的历史高值，较 2015 年分别累计增长 44.7％和 54.5％。

（三）2021 年大豆种植面积和产量再度下降

2021 年受玉米、大豆种植比较收益变化以及粮食生产备受重视等因素影响，大豆面积在连续五年增长后大幅下降。当年全国大豆面积 1.26 亿亩，较上年减少 14.8％；亩产 130 千克，较上年减少 1.7％；总产量 1 640 万吨，较上年减少 16.4％。2015 年及之前国家收储的临储玉米于 2020 年 2 月全部拍卖完毕，由于临储库存消化速度较快，之前巨量的玉米临储库存向市场释放给玉米价格造成的压力得到缓解。国内玉米供应宽松的格局开始逐渐发生转变，玉米价格从 2017 年的低位逐年回升，2020 年玉米产区批发价达到每千克 2 元以上，2021 年初达到每千克 2.6 元以上并持续高位运行。再加上玉米单产远高于大豆，种植比较效益快速提高。据 2021 年 3 月对黑龙江省齐齐哈尔地区的调查显示：2020 年大豆平均售价每千克 5.7 元，亩产 183.5 千克，包括地租每亩成本 803 元，不算补贴净收益 243 元；2020 年玉米平均售价每千克 2.26 元，亩产 633.5 千克，包括地租每亩成本 887 元，不算补贴净收益 544 元，比大豆高 301 元。2020 年黑龙江全省生产者补贴标准统一为大豆238元/亩，玉米38元/亩。算上补贴，大豆亩均收益481元，玉米亩均收益582元，玉米比大豆高101元。由此可见，大豆和玉米生产者补贴标准的差异已经难以弥补二者种植效益的差距。此外，自2020年以来，在新冠病毒肺炎疫情和极端天气影响下，全球粮食生产和供应链受到一定影响，部分国家采取了限制出口的贸易政策，国家粮食安全受到高度关注，玉米属于高产作物，玉米种植因此受到重视。综合来看，国内玉米有扩种需求，而大豆和玉米种植面积通常此消彼长，玉米扩种后大豆面积受到影响而下降。

（四）2022年大豆生产规模达到历史性高点

2021年底，习近平总书记在中央政治局常委会会议专题研究“三农”工作时强调，要实打实地调整结构，扩种大豆和油料，见到可考核的成效。按照2022年中央1号文件部署要求，我国大力实施大豆和油料产能提升工程，在黄淮海、西北、西南地区推广玉米大豆带状复合种植，在东北地区开展粮豆轮作，在黑龙江部分地下水超采区、寒地井灌稻区推进水改旱、稻改豆试点，在长江流域开发冬闲田扩种油菜。在政策的强力支持下，2022年大豆生产规模显著扩大，尤其是东北产区大豆面积增加较多。据国家统计局发布的数据，2022年全国大豆种植面积1.54亿亩，与上年相比增加2 742.5万亩，增幅21.7%；平均亩产132千克，与上年相比增加2.1千克，增幅1.6%；总产量2 029万吨，与上年相比增加389万吨，增幅23.7%，创历史新高。

二、中国大豆进口量达到峰值后回落

（一）改革开放以来我国大豆贸易政策变化情况

改革开放后，我国大豆贸易政策经过了几次较大的调整。从进口政策来看，分为以下四个时期：一是1996年前，国家对大豆进口实行配额管理，根据国内需求确定当年的进口量，使大豆进口量保持年际平衡；二是1996—1998年，大豆进口实行关税配额管理，规定大豆配额内进口关税税率为3%，配额外进口关税税率为114%；三是1999年取消了大豆的进口配额限制，实行单一的关税税率政策，关税税率为3%；四是在2001年加入WTO的协定中，我国正式承诺对大豆取消配额管理，沿用3%的进口税率，标志着我国彻底开放大豆进口，是大豆进口数量变化的一个转折点。此后在2007年10月1日至2008年9月30日实行进口暂定税率，税率由3%降为1%，大豆进口增长率比2005年、2006年明显提高。

中国在加入WTO的过程中在农业方面做出了重大让步，取消大部分非关税措施，农产品平均关税水平为15.2%，不足世界平均水平的四分之一。其中，对小麦、玉米、大米、食糖、棉花等重要农产品的进口实行关税配额管理，配额外关税水平最高65%。但大豆市场高度开放，仅实行税率为3%的单一进口关税，而且不能使用特殊保障机制，这使得中国对大豆进口基本没有贸易“门槛”，不足以给国内大豆产业提供必要的保护。

加入WTO后，在面临进口大豆挑战的形势下，我国于2002年启动了“大豆发展振兴计划”，每年投入1亿元，旨在提振国内大豆产业，在一定程度上、一段时间内支持了国内大豆产业的发展。但是，随着进口大豆的汹涌而入，国内政策支持水平难抵大量进口带来的冲击，支持效果越来越弱。与此同时，国内大豆种植成本不断上升，销售价格显著高于进口大豆，导致农户大豆销售困难。2008年东北三省和内蒙古等主产区启动大豆临时收储政策，仅2008年国产大豆上市季，临储大豆收购量就达到了725万吨，接近当年产量的50%；但大豆进口量仍呈增长趋势，东北产区实行的大豆临储收购政策、目标价格补贴政策和生产者补贴政策都未能改变这一趋势。

我国大豆出口政策一直比较稳定，大部分时期对大豆出口实行免征出口关税的政策，仅在2007—2008年全球粮食价格上涨速度过快、出现粮食危机时对大豆出口政策进行了调整。2007年12月20日至2008年12月31日，对国内大豆及其制粉取消出口退税；2008年全年对大豆征收5%的出口暂定关税，对大豆粉征收10%

的出口暂定关税。随着全球粮食安全形势的好转，从 2009 年 7 月 1 日开始取消对大豆及其制粉的出口暂定关税。

（二）进口量迅速增加且进口来源国高度集中

中国是大豆原产国，大豆在中国长期以来是优势种植品种。1995 年前我国进口大豆数量很少，国产大豆在满足消费需求的同时还有一定数量的出口，多年保持净出口国的地位。21 世纪以来特别是加入 WTO 后，大豆进口量呈加快扩大态势，2013 年前每隔 3～4 年新增 1 000 万吨，2014—2017 年每隔 1～2 年新增 1 000 万吨，2017 年创 9 554 万吨的阶段高点；2018 年、2019 年受中美经贸摩擦及非洲猪瘟导致国内生猪产能下降等因素影响，我国大豆进口量下降至 8 800 多万吨的水平，2020 年再次恢复增长至 10 033 万吨，首次突破 1 亿吨，刷新历史纪录；2021 年、2022 年连续两年有所回落。与国产大豆产量相比，2000 年大豆进口量 1 042 万吨，是当年国产大豆产量的 67.6%；2020 年大豆进口量达到 10 033 万吨（图 3 - 1），是当年国产大豆产量的 5.1 倍。

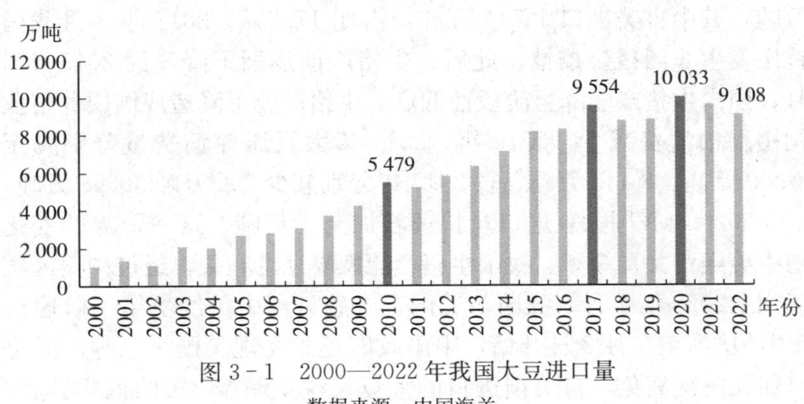

图 3 - 1　2000—2022 年我国大豆进口量

数据来源：中国海关。

2000—2017 年，我国大豆进口量从 1 042 万吨增加到 9 554 万吨，增长 8.17 倍；进口额从 22.7 亿美元增加到 397.4 亿美元，增长 16.5 倍。多年来，我国一直主要从美国、巴西、阿根廷三大主产国进口大豆，从这三个国家进口的大豆数量之和约占我国进口大豆总量的95%，其中巴西和美国两个国家大豆的进口量多数年份都占85%以上。2013年之前，美国大豆长期占据进口量第一的位置；2013年起，这一位置被巴西取代，一直到2017年，巴西连续五年是我国进口大豆的最大来源国，其次是美国，第三是阿根廷。2017年我国共进口大豆9 553万吨，其中巴西大豆5 093万吨，占进口总量的53.31%；美国大豆3 285万吨，占进口总量的34.39%；阿根廷大豆658万吨，占进口总量的6.89%。

2018年、2019年中国大豆进口量分别为8 809万吨、8 859万吨，并没有在2017年的基础上继续增长。由于美国自2018年4月开始对中国部分出口产品加征关税，我国对此采取反制措施，其中就有对进口自美国的大豆加征25%的关税。这一举措主要影响美国2018年产大豆，从中国市场年度的进口量来看更加明显，2018—2019年度（2018年10月至2019年9月）[①]，中国进口大豆8 261万吨，其中自美国进口1 035万吨，占比从2017—2018年度的30.5%下降至12.5%；2019—2020年度，中国进口大豆9 853万吨，其中自美进口1 741万吨，占比17.7%。2018年8月我国首次发生非洲猪瘟疫情。此后，生猪产能逐渐下降，到2019年9月，国内生猪产能降至阶段性低点。生猪产能下降造成国内养殖业饲用豆粕消费减少，2018年、2019年大豆压榨消费量分别降至8 860万吨、8 445万吨，较2017年分别减少252万吨和667万吨。

2020年我国大豆进口量快速增加至1亿吨。这一形势的变化与中美经贸关系缓和、我国生猪产能恢复息息相关。经过中美经贸谈判，2020年1月，我国与美国正式签订“中美经贸第一阶段协议”，从当年3月2日开始，中国政府正式受理美国大豆等产品进口加征关税豁免，自美国进口的大豆关税重新按3%的税率计算。2020年，我国进口大豆10 033万吨，其中自美进口2 589万吨，占比25.80%，我国对美国大豆的进口量已经逐步向恢复至中美经

① 中国大豆市场年度为10月至次年9月，美国大豆市场年度为9月至次年8月。

贸摩擦前的水平发展。2019 年 10 月，非洲猪瘟疫情趋于稳定，生猪养殖业开始大规模复产。在国家各项鼓励、扶持、补贴政策带动下，生猪养殖业快速恢复，产能持续扩张，对饲用豆粕的需求量逐步恢复。2020 年底，国内生猪存栏量 4.07 亿头，恢复至 2017 年 4.4 亿头的 92.1%，当年大豆压榨加工量增加至 9 885 万吨。2021 年二季度末，生猪存栏量 4.39 亿头，恢复至 2017 年的 99.4%；三季度末生猪存栏量 4.38 亿头，恢复至 2017 年的 99.1%；年底生猪存栏量 4.49 亿头，恢复至 2017 年的 101.7%。此外，养殖利润持续高位也促使对豆粕的需求快速增加。2020 年生猪价格高位运行，自繁自养收益每头达 2 000～3 000 元，外购仔猪每头达 1 000～2 000 元。在高养殖利润下，养殖成本的增加基本不受关注，养殖场户更倾向于添加能促使生猪增加体重的蛋白饲料原料。豆粕市场需求较旺盛，也拉动了大豆进口需求。据中国饲料工业协会统计，2019 年猪饲料产量较上年下降 26.6%，2020 年比上年增长 16.4%。可见，非洲猪瘟对我国生猪养殖业的重创及随后生猪产能的超预期恢复均对我国大豆进口量产生了较大的影响。

（三）大豆进口量突破 1 亿吨后有所下降

继 2020 年我国大豆进口量突破 1 亿吨并创下历史新高后，2021 年进口量较上年下降 381 万吨至 9 652 万吨。一方面，生猪存栏量仍在继续增加。由于生猪养殖业恢复的惯性，2021 年二季度末能繁母猪存栏量达到 4 564 万头，对应的生猪存栏量潜力超过 5 亿头。另一方面，2021 年春节后，猪肉价格开始下跌，生猪养殖从之前的高盈利转为低盈利，从 5 月开始，国内生猪养殖开始大规模亏损。由于生猪存栏量持续恢复，供应量快速增加，生猪养殖收益改善希望渺茫，部分养殖场开始采取措施降低养殖成本：一是淘汰 PSY① 较低的外三元母猪，二是降低配方饲料中豆粕的添加比

① PSY 指每头母猪每年能提供断奶仔猪的头数，是衡量猪场效益和母猪繁殖成绩的重要指标。

例。由于豆粕价格高，在饲料成本中占比较大，可以通过降低猪饲料配方中豆粕的添加比例来降低养殖成本。三是加速大体重生猪出栏。2021 年 3—6 月，生猪出栏均重最高达到 135 千克，加速大体重生猪出栏后生猪出栏均重会下降，也会减少豆粕的消费量。

2022 年因国际大豆价格攀升，行业积极推行“低蛋白日粮”饲料技术，加上国内通过“扩大豆、扩油料”等政策增加供给等因素的影响，大豆进口量由 2020 年高峰时的 1 亿吨下降至 9 000 多万吨。据中国海关总署统计，2022 年大豆进口量 9 108 万吨，与上年相比减少 5.6%，这也是中国大豆进口量连续第二年下降；进口额 612.5 亿美元，增长 14.4%。从排名看，2022 年中国进口大豆前五个国家的名次没有变化，但巴西、美国进口占比略有减少，阿根廷、乌拉圭、加拿大、俄罗斯占比略有增加。巴西大豆进口占比由上年的 60.27%下降至 59.72%，下降 0.55 个百分点；美国大豆占比由上年的 33.45%下降至 32.42%（图 3－2），下降 1.03 个百分点。2022 年大豆出口量 12 万吨，与上年相比增加 4 万吨，结束了连续三年下滑的趋势；出口额 1.42 亿美元，主要出口到韩国、日本、朝鲜、土耳其等国家或地区。

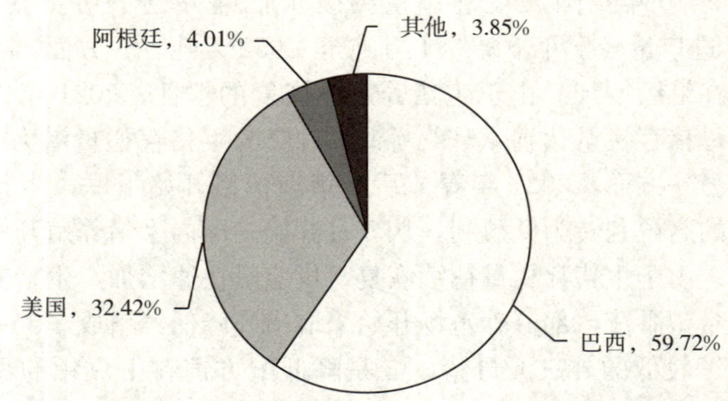

图 3－2　2022 年我国大豆主要进口来源国比例

数据来源：中国海关。

三、中国大豆消费需求逐年增长

我国是全球最大的大豆消费国，大豆消费量从 20 世纪 90 年代开始逐年增长，进入 21 世纪之后，消费需求增速进一步加快。2000 年我国大豆消费量为 2 822 万吨，2010 年消费量增加至 6 651 万吨，十年累计增长 1.4 倍；2020 年消费量增长至 11 720 万吨，十年累计增长 76.2%，消费量增速低于之前十年。2022 年我国大豆消费量 10 855 万吨，较上年减少 2.1%，消费量连续两年减少。大豆消费按其最终用途可分为四类：压榨加工、食用、种用、损耗及其他。在我国，进口大豆和国产大豆在用途上有较大差别。进口大豆主要用作压榨加工，生产饲用豆粕和食用豆油，少部分用于膨化加工生产膨化大豆；国产大豆主要用作食用和种用等。

（一）压榨加工消费

21 世纪以来我国大豆压榨消费量迅猛增长，经过多年的发展，目前约占大豆总消费量的 85%。随着经济的发展和城乡居民收入水平的不断提高，国内对肉蛋奶等畜产品和食用植物油的消费需求逐渐增加，畜禽养殖业和饲料工业获得了极大的发展，拉动了对大豆压榨的两个下游产品——豆粕和豆油的需求，从而带动了大豆压榨加工业的持续发展。一方面，2002 年国内统一改变饲料配方使豆粕需求急剧加大。在其他蛋白原料供应基本稳定的情况下，国内养殖业原料需求增长需要豆粕的增加来弥补。饲料养殖行业对豆粕需求不断增加，造成国内大豆消费需求大幅提高。从全球来看，大豆种植面积大，蛋白质含量高，饲料中添加豆粕后，养殖效率也较高，豆粕已成为当前供应最广泛且下游饲料加工和养殖企业接受度最高的饲料蛋白原料，国内养殖业原料需求增长需要靠增加豆粕供应来满足。另一方面，中国是一个食用植物油严重短缺的国家。农村城镇化建设加快后，居民生活水平稳步提升，食用植物油消费需求也随之快速增长。进口大豆压榨后生产出的豆油能弥补我国本土食用植物油原料的缺口，满足居民对食用植物油的消费需求。大豆脂肪含量通常为18%～19%，低于油菜籽的脂肪含量36%，且中国食用植物油消费量已经超过全球平均水平。2021年我国人均食用油的消费量为30.1千克，超过当年世界人均食用油消费量27千克的水平[①]。可以说，饲料养殖行业对豆粕需求的增加，是我国大豆压榨加工消费量持续增加的根本原因。而国产大豆生产规模有限，中国加入WTO后大豆进口贸易政策为单一进口关税，且关税为3%的低关税税率。进口大豆质优价廉造就了当前国内大豆压榨加工业原料的外向型格局。由于价格高于进口大豆，与进口大豆相比，国产大豆压榨加工没有利润优势，自2020年开始，国产大豆的压榨加工量减少到100万吨以下，主要用于生产非转基因豆粕和豆油。

2020年生猪养殖持续较快恢复，年末生猪存栏量和能繁母猪存栏量同比分别增长31.0%和35.1%，基本恢复至非洲猪瘟疫情前的90%以上。2021年末全国生猪存栏44 922万头，同比增长10.5%，其中能繁殖母猪存栏4 329万头，同比增长4.0%，分别达到2017年末的101.7%和96.8%。2022年末全国生猪存栏45 256万头，比上年末增加334万头，增长0.7%。其中，能繁殖母猪存栏4 390万头，增加61万头，增长1.4%。禽类养殖饲用消费需求也稳定增加。最近十年，大豆压榨加工消费量占总消费量的比例小幅上升。2010年我国大豆压榨加工消费量5 494万吨，占大豆总消费量的82.6%；2020年我国大豆压榨加工消费量9 885万吨，占大豆总消费量的84.5%，十年累计增加近两个百分点。2000年我国大豆压榨加工消费量2 815万吨，2010年增加至5 494万吨，十年累计增长95.2%；2020年大豆压榨加工消费量增长至9 885万吨，十年累计增长79.9%，消费量增速低于之前十年。2022年我国大豆压榨加工消费量9 182万吨，较上年减少2.5%。

① 中国和全球植物油人均消费量由植物油总消费量和人口数量计算所得。

（二）食用消费

中国人有食用大豆制品的饮食习惯，中国是世界上最大的食用大豆消费国。随着城乡居民生活水平的提高和膳食结构的调整，人们的饮食消费观念不断更新，高蛋白的大豆食品日益受到消费者青睐，豆制品的精深加工业也随之兴起，大豆食用及工业用消费量增长趋势十分明显。进口大豆蛋白质含量一般在36%左右，尽管近年有所提高，但我国国内生产的大豆蛋白质含量普遍更高：东北地区所产大豆蛋白质含量能达到38%～39%，近年逐渐提高到40%以上；黄淮海地区大豆蛋白质含量高于东北产区，能达到42%～43%，湖北等南方地区甚至能达到46%以上。2005年国产大豆食用及工业消费量超过了压榨消费量，此后，国产大豆的压榨消费量不断下降，食用及工业消费量始终保持稳步增长。由于国产大豆蛋白质含量高，在食用及食品加工方面更具优势，因此在我国，国产大豆除小部分用作压榨加工和种用外，大部分都用于食用或食品加工。另外，从俄罗斯、加拿大、贝宁、埃塞俄比亚等国进口的非转基因大豆一般也作食用，近年每年进口量在70万～100万吨。大豆食用消费具体可分为直接食用和豆制品加工、蛋白加工等，其中豆制品加工是生产豆腐、豆浆、腐竹，酿造酱油等，每年消费量1 200万～1 300万吨；蛋白加工是生产大豆蛋白粉、大豆浓缩蛋白、大豆组织蛋白等，每年用量约180万吨。大豆食用需求一般会随着人口数量和经济发展水平变化，属于刚性需求，消费量相对较稳定。2020年以来，受新冠病毒肺炎疫情等公共卫生事件影响，国内餐饮及旅游行业所受冲击较为明显，生鲜豆制品及休闲豆制品消费减少，而国产大豆价格总体偏高使豆制品加工企业利润空间收窄，叠加部分区域中小企业受环保政策影响长时间停产，下游行业整体开工率不高，国内食用大豆消费减少。2000年我国大豆食用消费量为596万吨，2010年增加至1 015万吨，十年累计增长70.3%；2020年食用消费量增长至1 435万吨，十年累计增长41.4%，消费量增速低于之前十年。2022年我国大豆食用消费量

1 300 万吨，较上年减少 0.9%。

（三）种用、损耗及其他消费

我国大豆消费中，压榨消费和食用消费占很大部分，种用、膨化大豆消费占比较小。种用消费一般都随下一年大豆播种面积动态变化。随着大豆育种技术的进步和品种的改良，未来种用消费不会大幅增加，估计会跟随播种面积保持平稳略增的趋势。2000 年我国大豆种用消费量 88 万吨，2010 年消费量 61 万吨，2020 年消费量 70 万吨，2022 年消费 84 万吨，较上年增加 3.7%。大豆其他消费包括生产膨化大豆的消费和损耗等。由于膨化大豆是高油高蛋白的饲料原料，一般被添加到能繁母猪和乳猪饲料中，提高生猪养殖效益，进而促进膨化大豆消费。随着生猪养殖效益的稳定，膨化大豆消费也趋于稳定。大豆损耗包括进口大豆和国产大豆在收获、运输等过程中的损耗量。2000 年我国膨化大豆和损耗等其他消费量 16 万吨，2010 年增加至 81 万吨，2020 年增加至 330 万吨，2022 年其他消费量 289 万吨，较上年增加 7.0%。

四、未来中国大豆供需形势预判

（一）大豆生产将稳步发展

2019 年农业农村部发布《大豆振兴计划实施方案》，提出结合“十三五”规划和乡村振兴战略的实施，推动我国大豆生产实现“扩面、增产、提质、绿色”的目标。2021 年农业农村部发布《“十四五”全国种植业发展规划》，提出到 2025 年力争大豆播种面积达到 1.6 亿亩左右，产量达到 2 300 万吨左右，推动提升大豆自给率。2022 年中央 1 号文件提出，大力实施大豆和油料产能提升工程，未来将用好国内国际两个市场、两种资源，让“油瓶子”里尽可能多装中国油；加大耕地轮作补贴和产油大县奖励力度，集中支持适宜区域、重点品种、经营服务主体，在黄淮海、西北、西南地区推广玉米大豆带状复合种植，在东北地区开展粮豆轮作，在黑龙江省部分地下水超采区、寒地井灌稻区推进水改旱、稻改豆试点；开展盐碱地种植大豆示范。

2022年新季大豆增产数量较多，叠加消费市场需求较疲软，国产大豆价格从高位下跌，豆农种植收益也相应下降。为了稳定2023年的大豆生产，保障种豆农民合理收益，国家推动出台了一系列政策。2023年中央1号文件提出，加力扩种大豆油料；深入推进大豆和油料产能提升工程；扎实推进大豆玉米带状复合种植，支持东北、黄淮海地区开展粮豆轮作，稳步开发利用盐碱地种植大豆；完善玉米大豆生产者补贴，实施好大豆完全成本保险和种植收入保险试点。2023年3月初，中储粮集团在黑龙江、内蒙古两个大豆主产区启动新增2022年产国产大豆储备收购。3月16日，中央农村工作领导小组办公室协调推动农业农村部、国家发展改革委、财政部、国家粮食和物资储备局等部门，从增加大豆政策性储备、宣传鼓励加工企业收购、完善补贴和激励政策、促进高产技术推广提高单产、稳定农民种豆收益、适当发展高油大豆等方面出台一揽子稳定大豆生产支持政策措施，释放明确信号。同时，东北地区大豆生产支持政策也陆续公布。3月22日，黑龙江省发布消息称，2023年将继续实施玉米、大豆差异化补贴政策，原则上大豆生产者补贴每亩达到350元以上（较上年增长102元以上），同时进一步扩大耕地轮作试点面积，且以米豆轮作为主，农业社会化服务项目将重点向种植大豆倾斜，全力支持大豆生产。内蒙古农牧厅发布消息称，2023年提高大豆生产者补贴标准，降低玉米补贴标准，拟将补贴差额扩大到每亩260元以上，比上年翻了一番。吉林省农业农村厅发布消息称，2023年东部和西部地区大豆生产者补贴每亩比玉米高220元左右，中部地区大豆生产者补贴每亩比玉米高320元左右。辽宁省明确2023年将大豆生产者补贴标准由上年比玉米每亩高200～250元，调整为比玉米高350元左右。在增加收储、加大补贴力度等政策支持下，农民的大豆生产积极性被调动起来，但因为玉米种植收益比较稳固，2023年大豆种植面积呈现稳中有增的态势，估计达15 850万亩，与上年相比增长3.2%。

从大豆单产看，2022 年中国的大豆单产为每公顷 1.98 吨，比美国、巴西的大豆单产分别低 1.35 吨、1.57 吨，比阿根廷的高 0.18 吨（2022 年，因气候干旱，阿根廷大豆产量低于常年）[①]，与大豆主产国的单产水平还有很大差距。近年，国家高度重视生物育种及其产业化应用，大豆良种繁育技术不断发展进步，优质品种在大田的推广应用将获得较快发展，高标准农田建设和东北黑土地保护工程的实施也将惠及大豆生产，规模化种植有利于大豆田间管理水平的提高，进而促使大豆单产和品质提升。此外，中国转基因产业化应用试点正在有序推进，对获得生产应用安全性证书的转基因玉米、大豆品种开展一定的试种试验，目前正在实施。2023 年农业农村部发布的《关于落实党中央国务院 2023 年全面推进乡村振兴重点工作部署的实施意见》指出，将进一步扩大转基因玉米、大豆产业化应用试点范围，为大豆单产的提高提供技术支持。预计 2023 年中国大豆单产 137 千克/亩（2 055 千克/公顷），与上年相比增长 3.8%。今后，随着大豆生产技术进步和新品种推广应用成效的进一步显现，预计大豆单产提升的速度将加快。

从总产看，2022 年因大豆面积和产量大幅度提升，我国大豆自给率提高了 3 个百分点。今后随着大豆面积的增加并趋于稳定，单产潜力将进一步被发掘，大豆总产量将稳步增加。在政策的稳定支持下，未来国产大豆生产规模将稳步扩大，预计国内大豆消费对国际市场的贸易依存度会下降，但仍会保持在一定水平。

（二）大豆消费需求小幅增加

预计未来很长一段时期内，我国大豆消费仍将以压榨消费和食用消费为主。在压榨消费方面，短期看，2023 年餐饮和国内旅游业将恢复发展，豆油等食用植物油消费预计增长。此外，随着国家对生猪产能的持续调控，整体存栏水平预计在未来三年进入稳定发

① 中国单产数据来源于国家统计局，美国、巴西、阿根廷单产数据来源于美国农业部。

展阶段，畜禽养殖产业集中度提高，促进豆粕这一优质蛋白饲料消费量的增加。预计 2023 年中国大豆压榨消费量止降回升，达到 9 328 万吨，与上年相比增长 1.6%。但长期看，国内大豆压榨消费已经进入消费增长平稳期。随着中国城乡居民收入水平持续提高，消费结构不断升级，对动物蛋白需求日益增长，进而带动畜禽养殖业快速发展，大豆豆粕消费与日俱增，是大豆进口量增加的主要驱动力。同时，大豆压榨产生的豆油也满足了居民的食用油消费增长需要，目前占据国内食用油消费的半壁江山。但人均消费的增长是有天花板的。据统计，中国人均肉蛋奶消费在 2018 年达到历史最高水平，随后增幅逐步放缓甚至下降，未来人均消费下降的影响会逐步超过人口数量增加的影响。近年中国肉蛋奶的产量增速已明显放缓。1991—2000 年，中国肉蛋奶总产量年均增速 7.1%，此后十年降至 4%；2011—2020 年，年均增速降至 0.5%。作为畜禽养殖最主要的饲用蛋白原料来源，大豆需求量增速势必相应下降。此外，近年中国养殖行业加大低蛋白日粮配方推广力度，也促进了饲用豆粕的减量替代，并且未来仍有较大的潜力。据中国饲料工业协会统计，2021 年全国饲料企业豆粕用量比上年增长 5.7%，远小于工业饲料产量 16.1%的增幅。据专家测算，2021 年全国养殖业饲料消耗量约为 4.5 亿吨，豆粕用量在饲料中的占比为 15.3%，比 2020 年下降 2.4 个百分点，节约豆粕饲用量 1 080 万吨，折合大豆 1 400 万吨。从食用油消费看，当前我国居民每年人均食用油消费量已远高于国际平均水平，未来随着健康消费理念的普及，人均消费水平也有下降的空间。

在食用消费方面，大豆蛋白富含人体需要的氨基酸，其营养功能与动物蛋白相媲美。大豆及其制品在中国餐饮中有着特殊地位，我国居民有食用大豆制品的饮食习惯，我国也是世界上最大的食用大豆消费国。我国大豆食用产品非常丰富，其中豆腐、豆浆类、千张、腐乳、豆浆、腐竹、膨化豆等传统豆制品消费保持稳定，蛋白类、功能食品类、精细化工类等大豆精深加工产品消费量逐渐增加。进口的转基因大豆绝大部分用于国内榨油消费，而国产大豆全部是非转基因大豆，其蛋白含量与进口大豆相比平均要高 1～2 个百分点，国产大豆在食用及工业用方面更具优势。大豆食品加工产品可分为发酵类豆制品和非发酵类豆制品，发酵类豆制品主要包括酱油、豆酱、调料等；非发酵类豆制品主要包括豆腐、豆干、千张、豆芽等，占食品加工的大头。在中国的非发酵类豆制品行业，苏浙沪地区是生鲜类豆制品企业最集中的地区，川渝地区是休闲豆制品厂家最集中的地区（主要集中在重庆、成都、宜宾等地区）。

随着城镇化进程加快、居民可支配收入提高、消费能力提升，以及国民健康意识的增强，鲜食类和休闲类豆制品等大豆食用消费仍有较大增长潜力。当前，大多数豆制品由大豆豆浆凝固而成的豆腐及其再制品制作而成，随着科学技术的不断发展，豆制品加工方面涌现出很多新型加工方法，进而出现多种新型豆制品，如无豆腥味的豆浆等。老龄化社会促进老年人在健康消费方面的支出增加，豆制品消费也会随之增加。随着消费者绿色、健康、营养等餐饮意识的增强，人们的饮食消费观念不断更新，植物蛋白与动物蛋白相比，优势是环保和不用过腹转化。高蛋白的大豆食品日益受到消费者青睐，豆制品消费仍有较大增长潜力。随着国产大豆产量和供应量的增加，预计大豆食用消费的场景将更加多元。

随着技术的发展，蛋白类、功能食品类、精细化工类等大豆精深加工产品消费量将逐渐增加。在发展大豆食用方面，国内的加工产业特别是深加工仍有发展和进步的空间。目前，虽然生产添加剂用类大豆蛋白制品、大豆磷脂制品和副产物加工豆制品类的企业不断增多，生产规模日益扩大，但与美国等发达国家相比，这些新兴豆制品加工的品类、数量和质量等相距甚远。大豆深加工技术、装备等方面仍与世界先进水平有较大差距。据了解，目前我国大豆深加工能力不到 10%，深加工产品科技附加值较低，大豆深加工产业链尚不完整。能满足不同类型食品加工需要，且能与美国、日本等发达国家直接竞争的高端大豆蛋白制品偏少，例如（半）活性蛋白粉、水解蛋白粉、大豆蛋白肽、大豆食用纤维、功能性蛋白粉等；食品级、保健级大豆磷脂制品偏少，例如大豆磷脂胶囊、磷脂片、磷脂冲剂、磷脂脂肪营养乳等。在大豆副产物加工制品方面，由于受限于研发投入不足、加工技术水平低，国产大豆在精细化工、医药、保健、美容等领域的开发应用滞后。

随着对植物蛋白营养价值的认识提高和健康饮食理念的推广，消费者对大豆蛋白粉等大豆加工提炼的保健产品的接受度提高，企业积极研发“双蛋白”“大豆多糖”“大豆多肽”等新产品并投入市场，未来大豆食用消费还有进一步增长的空间。此外，大豆精深加工技术进步也为大豆蛋白和大豆磷脂等产品更多地应用于食品和药品工业创造了条件，大豆食用及工业用消费量增长趋势十分明显。

在大豆种用和膨化加工等其他消费方面，今后一段时期，大豆种植面积增加到一定程度将逐步稳定，随着大豆品种的改良，种用消费不会大幅增加，将保持在 100 万吨以内，呈平稳略增后逐渐稳定的趋势。大豆膨化加工等其他消费及损耗用量总体有限，呈现平稳略增趋势。

（三）大豆供应对国际市场的依赖仍将是常态

1996 年起，我国从传统的大豆出口国转变为大豆、豆油净进口大国，大豆类产品产不足需的矛盾开始显现。2002 年我国大豆进口量超过国内产量，产不足需的矛盾越发突出。2005 年之前，我国大豆产量总体呈现波动性增长态势，并在 2004 年达到了阶段性高位，此后连续三年快速下降，2007 年下降到 1 275 万吨。2008—2018 年，国产大豆产量起起伏伏，其增长速度远低于消费增长速度，导致产需缺口逐渐拉大，产不足需已经成为常态（图 3 - 3）。

由于我国大豆产量长期不能满足国内需求，大豆供应对国际市场的依赖程度不断提高。2011 年依赖程度一度下降至 72.4%，但此后进口量增加，且其增速超过消费增速，对外依赖程度呈不断加深的趋势，2015 年达到 91.3%；2022 年我国大豆产量达到历史最高，对外依赖程度下降至 83.9%（图 3 - 4）。

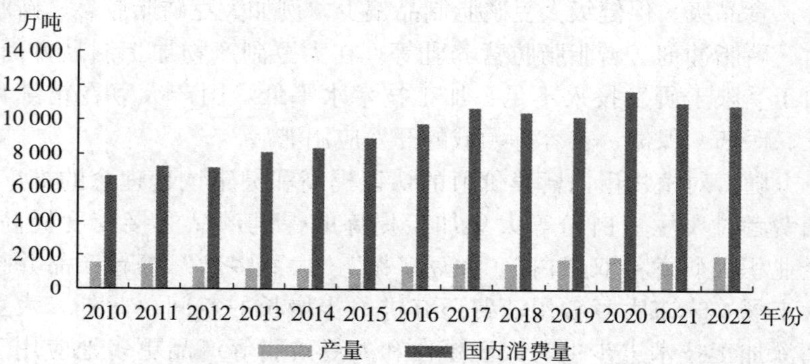

图 3-3　我国大豆产量和国内消费量对比

数据来源：国家统计局、农业农村部市场预警专家委员会。

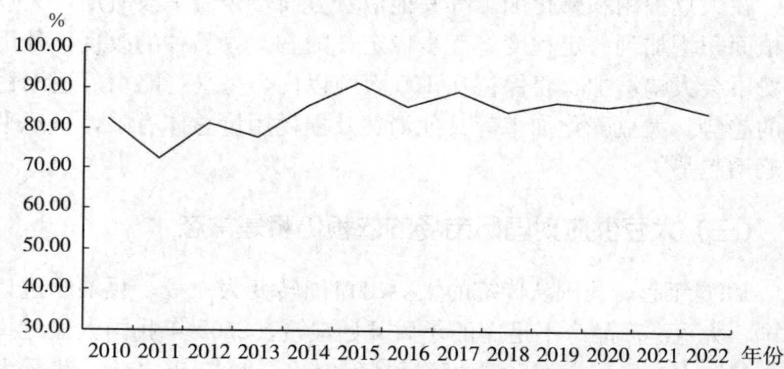

图 3-4　我国大豆供应对国际市场的依赖程度

注：国际市场依赖程度=进口量÷国内消费量。

今后我国大豆进口量仍将保持高位，逐步稳定在一定水平。未来一段时期内，中国以进口大豆为压榨主要原料来源的格局不会改变。由于中国大豆消费需求稳步增长，而国内大豆增产有限，未来一段时期中国大豆进口量总体将保持稳定，并随国内大豆产量情况、国际大豆供应和价格情况以及国内的养殖需求变化调整或波动。一方面，我国养殖和饲料加工业集中度不断提高，会强化工业配方饲料的使用，而豆粕是当前供应最广泛且下游饲料加工和养殖企业接受度最高的饲料蛋白原料，这是对大豆压榨加工的主产品——豆粕需求的基本盘。另一方面，随着国内低蛋白日粮技术的发展，以及发展绿色生态农业的客观需求，预计未来豆粕在养殖业中的使用将更加科学、合理、高效。我国生猪生产全程饲料蛋白质含量为16%，按照可推广的低蛋白质日粮技术，将全程蛋白质水平由16%降至14%后，可减少豆粕用量近1 030万吨①。

从进口数量变化看，中国大豆进口已过快速增长期，进入缓慢增长甚至由增转降区间。从数据看，近年中国大豆进口在快速增长后出现了增速趋缓乃至稳中有降的势头。考虑到前几年大豆进口受外部因素影响较大，可以用2018—2021年中国大豆进口量的平均值9 337万吨作为参考，这一数值低于2017年的历史高点。

五、国产大豆市场运行特征及趋势

（一）近年国产大豆市场走势分析

多年来，我国大豆进口量逐渐增加，但进口大豆主要进入压榨领域加工豆油和饲用豆粕，部分在压榨加工企业用于制作膨化大豆，最终用于饲料。由于国产大豆和进口大豆来源不同、用途不同，已初步形成了两种产品、两个市场的格局。国产大豆用途主要有以下四个方面：一是豆制品加工，如加工豆腐、豆皮、豆干等豆制品或发豆芽等；二是大豆蛋白深加工，如生产大豆蛋白粉、组织蛋白、浓缩蛋白等；三是压榨加工，生产非转基因豆油、饲用或食用的非转基因豆粕；四是种用。少量进口的非转基因大豆也会用于食品加工等，因为数量较少，主要用于补充国产大豆食用消费。

2008—2013年，国家在东北三省和内蒙古自治区实行大豆临时收储政策，收购价格总体逐渐提高，国产大豆价格也根据国储收购价格波动；临时收储政策取消后，2014—2016年，国家在东北

① 乔金亮：《我国全面推广低蛋白质日粮饲料技术》，《经济日报》2018年8月31日。

三省和内蒙古自治区实行大豆目标价格改革政策试点，2017 年至今实行大豆生产者补贴政策，同期大豆市场购销都是市场化的，国家对大豆的支持政策避免了对大豆市场价格的干预。从 2014 年开始，国产大豆市场价格的变化基本由国产大豆的供应和需求情况来决定。

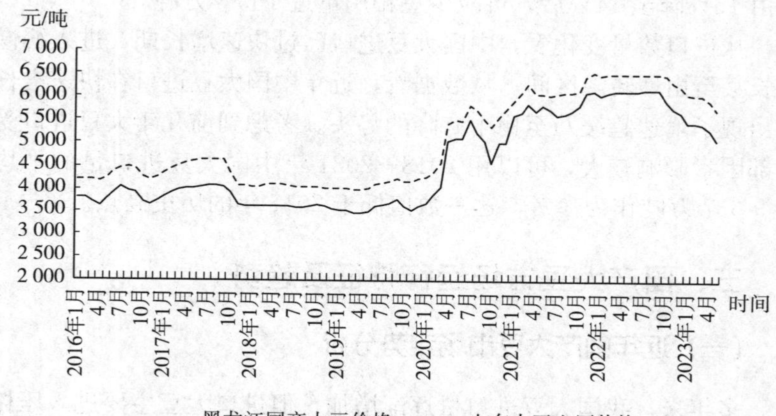

图 3-5　2016 年 1 月至 2023 年 4 月国产大豆产销区月度价格

数据来源：国家粮油信息中心。

图 3-5 显示了 2016—2023 年国产大豆主产区和销区的价格走势，从中可以看出，国产大豆年度内价格走势大致呈季节性变化趋势或 V 形走势。通常情况下，10 月份国产大豆集中上市后，市场供应量增加，大豆价格开始下跌，到下一年春节前农户集中销售大豆，或者农民手持大豆直到 4 月份气温升高大豆不宜保存之后，农户又会集中销售大豆，市场价格会下跌至年度最低。5 月份之后，随着大豆逐渐消化，产区余粮减少，价格开始回升，直到 10 月份新季大豆上市前价格始终稳步走高。从下一季大豆 10 月份上市开始，又开始新一轮的季节性价格变化。从图 3-5 可以看出，2016 年大豆价格走势与这一季节性变化规律有两个差异：一是 2016 年 8 月正值新粮上市前期，价格应该上涨，但产区大豆价格提前下

跌，原因是 7 月 15 日国家临储大豆开始拍卖，弥补了市场需求缺口，大豆价格回调；二是 2016 年 11 月底，正值大豆收获后大量上市时期，大豆价格提前上涨，原因是当年大豆虽然小幅增产，但因受灾优质大豆数量较上年减少。

从 2017 年 10 月开始到 2019 年新季大豆上市前，国产大豆连年增产，同时临储大豆投放市场，国产大豆供应量增加，大豆价格始终在低位徘徊。2019 年 10 月新季大豆上市后，国产大豆价格短暂下跌后开始走上长达三年的快速上升之路。究其原因，一是临储大豆在 2019 年已经全部拍卖完毕，没有储备大豆补充市场，食用大豆供需略显紧张；二是自 2020 年以来受疫情防控措施和不利天气引起的运输不畅等因素影响，部分时期大豆价格阶段性上涨；三是国际大豆价格在这一时期总体上涨也起到了支撑作用。此外，国家战略储备大豆在每年进行轮换时会通过公开拍卖和收购的方式进行，对市场价格也会造成一定影响，但总体看，由于轮换大豆数量有限，且轮入轮出价格通常依照市场价格确定，对市场价格的影响不大。

2022 年国产大豆价格总体较上年上涨，大部分时间高位运行。其中，黑龙江产区国产大豆全年均价每千克 6.03 元，同比涨 4.2%；山东销区大豆全年入厂均价每千克 6.46 元，同比涨 4.7%。年内价格先涨后跌，价格变化分为两个阶段。第一阶段是 1—9 月价格上涨并保持高位。年初，国储大豆拍卖不断，但因上一季大豆产量大幅减少，豆农惜售心理较强，市场总体供应不足，加上物流运输不畅，大豆价格较上年末虽有所下跌，但仍处于历史高位；春耕期间农户无暇售豆，主产区大豆供应趋紧，支撑国产大豆价格上涨，随后一直保持高位运行态势。第二阶段是 10 月新季大豆上市至年底价格下跌。随着新豆集中上市且产量大幅增长，供应压力激增，再加上东北大部分地区大豆蛋白含量较常年下降，市场收购主体入市谨慎，价格持续下跌，且跌幅超过往年同期水平。

（二）未来国产大豆市场趋势预判

2022 年国产大豆增产，整体供应偏宽松，2023 年国产大豆价格低于 2022 年价格水平，但跌幅相对有限，价格区间介于 2021 年和 2022 年之间，大豆价格走势也更加平稳。2023 年初，大豆价格延续上年 10 月份以来的跌势，到春节前价格跌至低点。春节后，2—3 月受销区补库需求和国储增加收储拉动，主产区大豆价格略有回升。随着 4 月 30 日中储粮增储结束，国产大豆市场价格走势分化，高蛋白（蛋白含量 40%以上）大豆保持在相对高位上运行，每千克售价 5.2～5.4 元，低蛋白或未达到国储收购标准的大豆价格基本跌至每千克 5 元以下。但总体看，2023 年新季大豆上市前市场变化不大。长期看，随着国产大豆产量持续增加，储备调控措施进一步完善，市场价格波动幅度将缩小。但在土地、农资等种植成本持续增加的推动下，国内大豆价格长期稳中略涨。此外，国产大豆产量增加后，消费场景将进一步趋于多元，优质优价的特征将进一步突显。

第四章 全球大豆市场供需和贸易形势分析

进入 21 世纪，全球大豆生产规模持续扩大，大豆产量、消费量和贸易量继续稳步增加。据联合国粮食及农业组织（FAO）数据，2021 年全球大豆收获面积从 21 世纪初的 0.74 亿公顷增加到 1.30 亿公顷，累计增幅达 70%以上。受面积增加和单产水平提高影响，全球大豆产量增速更快，2021 年达到 3.72 亿吨，较 21 世纪初累计增长 1.3 倍。其中，巴西大豆产量增加是带动全球大豆产量增加的重要助推因素，其产量从 21 世纪初的 3 282 万吨迅速增长至 2021 年的 1.35 亿吨，累计增加 3 倍以上。与此相对比，2021 年美国大豆产量从 21 世纪初累计增加 60.8%（至 1.21 亿吨）；阿根廷大豆产量 2015 年达到 6 145 万吨的高峰后近年有所下降，2021 年产量为 4 622 万吨，较 21 世纪初累计增长 1.3 倍，与全球大豆产量增速基本相当。中国作为全球第四大大豆生产国，21 世纪以来大豆种植面积相对变化不大，产量基本在 2 000 万吨以内，2021 年产量 1 640 万吨，较 21 世纪初累计增长 6.4%，是全球四大主产国中生产规模增速最慢的国家。

全球大豆产量稳步增长的同时，消费量也在同步增长，2021 年全球大豆消费量达 3.78 亿吨，较 21 世纪初累计增长 1.36 倍。从大豆消费去向看，21 世纪以来全球年均 85.5%的大豆用作压榨加工消费，饲用、食用和种用分别占 6.3%、3.5%和 2.9%。当前全球大豆消费主要集中在中国、美国、巴西、阿根廷和欧盟五个国家和地区，20 余年间中国大豆消费量累计增加了 1 亿吨，增长速度最快，2021 年占全球消费量的比重接近 1/3，其他国家消费量增速相对缓慢，阿根廷在近年甚至有所下降。从全球大豆贸易形势看，2021

年全球大豆出口量从21世纪初的4 738万吨增加至1.61亿吨，累计增长2.4倍。美国、巴西、阿根廷三大主产国也是三大出口国。历史上美国长时间占据全球大豆出口市场的主导地位，2013年以后让位于巴西，2021年巴西大豆出口量占全球的比重高达53.4%，而阿根廷近年大豆出口量因种植面积减少或极端气候影响而波动下降，部分年份成为净进口国。从2003年开始，中国超过欧盟成为全球最大的大豆进口国并保持至今，欧盟近年大豆进口量保持在1 400万～1 500万吨，仍位居全球第二位，但年进口量远低于中国。

一、全球大豆生产情况

（一）全球大豆生产总量变化情况

21世纪以来，全球大豆收获面积逐年增加，2000—2021年从0.74亿公顷增加到1.30亿公顷，累计增幅74.3%，年均增长率2.3%，增加趋势较为明显。全球大豆产量从1.61亿吨增加至3.72亿吨，累计增幅130.4%，年均增长率4.1%，增加趋势更加明显。全球大豆平均单产从2.17吨/公顷增加至2.87吨/公顷，累计增幅32.2%，年均增长率1.3%（图4-1）。

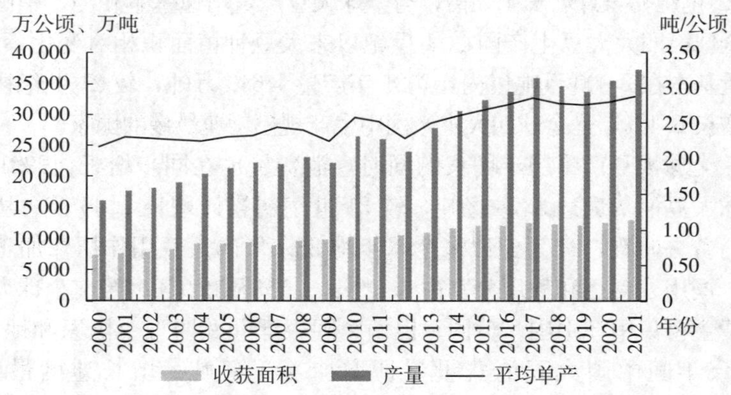

图4-1 2000—2021年全球大豆收获面积、产量和平均单产

数据来源：联合国粮食及农业组织。

（二）全球大豆主产国生产情况

全球大豆生产国中，美国、巴西、阿根廷为全球前三大豆主产国，2021 年三个国家的种植面积和产量之和分别占全球的 69.9%、81.2%。其中，美国是传统的大豆主产国。2000—2021 年，美国大豆收获面积从 2 930 万公顷增加至 3 494 万公顷，累计增幅 19.2%，年均增长率 0.8%；单产从 2.56 吨/公顷增加至 3.45 吨/公顷，累计增幅 34.9%，年均增长率 1.4%；产量从 7 506 万吨增加至 1.21 亿吨，累计增幅 60.8%，年均增长率 2.3%。巴西从 1973 年开始大豆种植面积快速增长，成为大豆生产规模发展最快的国家。2000—2021 年，巴西大豆收获面积从 1 366 万公顷增加至 3 917 万公顷，累计增幅 1.87 倍，年均增长率 5.1%；单产从 2.40 吨/公顷增加至 3.45 吨/公顷，累计增幅 43.3%，年均增长率 1.7%；产量从 3 282 万吨增加至 1.35 亿吨，累计增幅 3.11 倍，年均增长率 7.0%。阿根廷大豆产量从 1998 年开始有了较为迅速的增长，2015 年达到创纪录的 6 145 万吨，但近年来出现下降趋势。2000—2021 年，阿根廷大豆收获面积从 864 万公顷增加至 1 647 万公顷，累计增幅 90.6%，年均增长率 3.1%；因高温干旱天气偏多，单产增速相对较慢，从 2.33 吨/公顷增加至 2.81 吨/公顷，累计增幅 20.4%，年均增长率 0.9%；产量从 2014 万吨增加至 4 622 万吨，累计增幅 1.30 倍，年均增长率 4.0%。中国作为大豆原产国，与前三大主产国相比，21 世纪以来大豆种植面积变化不大。2000—2021 年，中国大豆收获面积从 931 万公顷波动减少至 840 万公顷，累计减幅 9.7%，年均增长率－0.5%；单产从 1.66 吨/公顷增加至 1.95 吨/公顷，累计增幅 17.9%，年均增长率 0.8%；产量从 1 541 万吨增加至 1 640 万吨，累计增幅 6.4%，年均增长率 0.3%（图 4－2）。受大豆种植效益提升和各项补贴政策的驱动，2022 年中国大豆种植面积大幅回升，据国家统计局数据，2022 年全国大豆种植面积 1 024 万公顷，与上年相比增长 21.7%；单产 1.98 吨/公顷，较上年增长 1.6%；产量 2 029 万吨，较上年增长 23.7%。

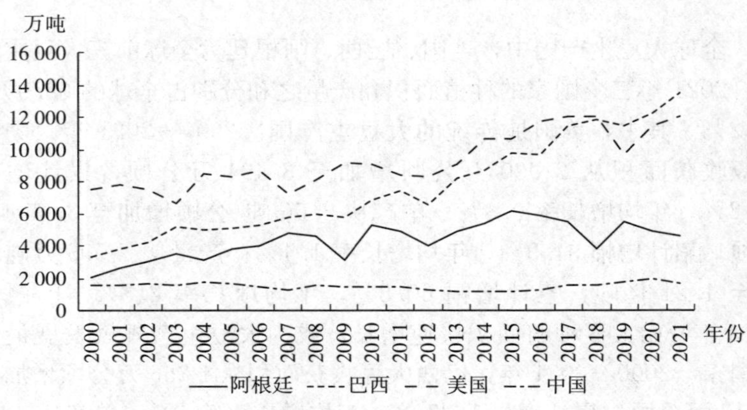

图 4-2　2000—2021 年全球大豆主产国大豆产量情况

数据来源：联合国粮食及农业组织。

（三）近年全球大豆生产受自然灾害影响较大

2018 年以来，南美极端干旱天气频发叠加中美经贸摩擦因素，三大主产国的大豆产量受到了不同程度的影响，进而导致全球大豆产量不稳定。历年的南美干旱和大豆减产多与拉尼娜气候有关。北半球冬季（12 月至次年 2 月）发生拉尼娜时，通常会给巴西南部和阿根廷带来干旱天气。巴西大豆 9 月底开始种植，次年 1—2 月收割；阿根廷大豆 10 月底开始种植，次年 2—3 月收割；可见，南美大豆生长的关键时期与冬季拉尼娜的影响时间高度重合。从空间上看，拉尼娜引发的干旱区域与巴西大豆部分产区及阿根廷大豆核心产区有重叠，但巴西北部较好的降雨有助于提升该区域的大豆单产，因而拉尼娜对阿根廷大豆产量的影响大于巴西，但在部分强拉尼娜年份，巴西大豆的平均单产也可能随南部大幅减产而出现问题。2018 年阿根廷遭遇了几十年来不遇的极端干旱天气，部分产区在关键收获期遭受了洪涝灾害，双重灾害导致阿根廷大豆产量从上年的 5 497 万吨减少至 3 779 万吨，同比减少 31.3%，全球产量从上年的3.60亿吨减少至3.45亿吨，同比减少4.1%。同时，因中美之间发生经贸摩擦，2018年美国大豆出口中国受阻，导致2019年美国大豆种植面积较上年减少512万公顷至3 033万公顷，同比减少14.4%，产量减少2 384万吨至9 667万吨，同比减少19.8%。受此影响，2019年全球大豆产量从上年的3.45亿吨进一步下降至3.36亿吨，同比减少2.6%。

2021年12月中旬开始，巴西巴拉那州西部降雨不足，早播大豆作物质量全面下滑。2022年2月，随着炎热干燥气候的持续，南里奥格兰德州大豆的生产潜力也受到了影响。甚至在圣卡塔琳娜州和巴拉那州往年很少遇到问题的产区，干旱和高温也造成了不可逆转的大豆产量损失。2022年3月初，巴西南部出现降雨，部分大豆仍处于灌浆期，雨水有助于将后期地区的一些作物产损降到最低，但早期产损已无法改变。尽管2021年巴西大豆种植面积较上年增加210万公顷，但是大豆单产较上年减少0.39吨/公顷，产量较上年减少900万吨。2023年拉尼娜气候连续第三年出现，造成阿根廷主要农业地区降水减少，阿根廷遭遇了60年来最严重的一次干旱灾害，对大豆收成造成毁灭性影响。根据美国农业部数据，阿根廷2022—2023年度播种的大豆面积较上年度减少90万公顷，减幅5.7%；大豆单产较上年度减少0.96吨/公顷，减幅34.8%；估计产量较上年度减少1 690万～2 700万吨，减幅38.5%。另据阿根廷布宜诺斯艾利斯交易所估计，2023年阿根廷大豆产量可能降至2 100万吨，只有上年产量的一半左右。

二、全球大豆消费情况

（一）全球大豆消费总量变化情况

近20多年来，全球大豆消费量总体呈增长趋势。2000—2020年，全球大豆消费量从1.63亿吨增加至3.78亿吨，累计增幅1.36倍，年均增长率4.2%。其中，近20年压榨消费量平均占消费量的85.5%，从1.38亿吨增加至3.11亿吨，累计增幅1.29

倍，年均增长率 4.0%；食用消费占 3.5%，从 856 万吨增加至 1 033 万吨，累计增幅 30.1%，年均增长率 1.3%；饲用消费占 6.3%，从 537 万吨增加至 3 362 万吨，累计增幅 5.19 倍，年均增长率 9.1%；种用消费占 2.9%，从 546 万吨增加至 838 万吨，累计增幅 58.9%，年均增长率 2.2%；损耗量从 393 万吨增加至 1 434 万吨，累计增幅 1.71 倍，年均增长率 4.9%；其他消费量从 150 万吨降至 47 万吨，累计减幅 16.5%，年均减少 0.9%（图 4-3）。

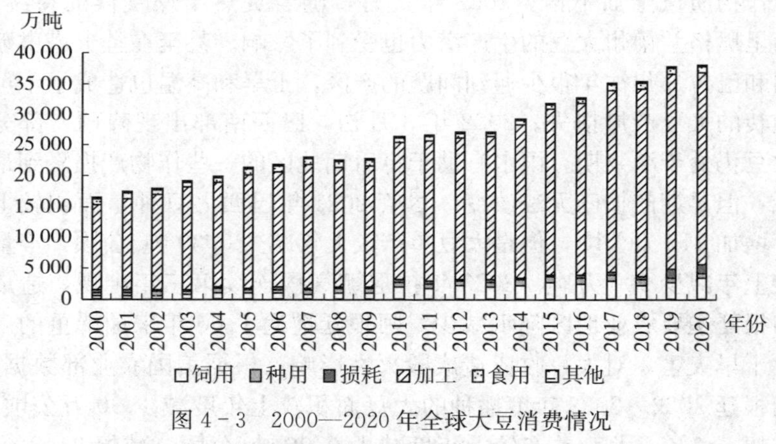

图 4-3　2000—2020 年全球大豆消费情况

数据来源：联合国粮食及农业组织。

（二）主要国家和地区的消费量变化情况

2000 年大豆消费量排名前十的国家或地区消费占比分别是美国（29.9%）、中国大陆（16.5%）、巴西（13.6%）、阿根廷（10.9%）、欧盟（9.6%）、印度（3.3%）、日本（3.0%）、墨西哥（2.5%）、中国台湾（1.5%）、印度尼西亚（1.4%）。2020 年大豆消费量排名前十的国家或地区消费占比分别是中国（31.7%）、美国（16.6%）、巴西（15.8%）、阿根廷（11.0%）、欧盟（4.7%）、印度（3.1%）、墨西哥（1.2%）、巴拉圭（1.2%）、埃及（1.1%）、泰国（1.0%）（图 4-4）。

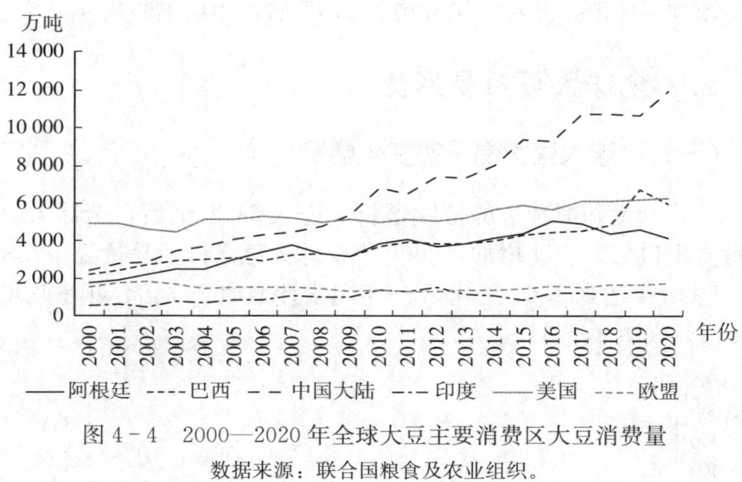

图 4-4　2000—2020 年全球大豆主要消费区大豆消费量

数据来源：联合国粮食及农业组织。

当前全球大豆的主要消费区集中在中国、美国、巴西、阿根廷和欧盟，这五个国家和地区的大豆消费量约占全球大豆总消费量的 80%。其中，中国大豆消费量逐渐增长且增速最快，2009 年中国成为全球最大的大豆消费国并一直保持至今。2000—2020 年，中国大豆消费量从 2 460 万吨增加至 1.20 亿吨，累计增长 3.87 倍，年均增长率 8.2%；2020 年占全球大豆消费量的比重接近 1/3。美国的大豆消费量也呈增长趋势，但是增速逐步减缓，2000—2020 年，美国大豆消费量从 4 900 万吨增加至 6 363 万吨，累计增长 27.8%，年均增长率 1.2%。巴西的大豆消费量基本呈现逐年增长的趋势，2000—2020 年，巴西大豆消费量从 2 233 万吨增加至 5 965万吨，累计增长 1.67 倍，年均增长率 5.0%。阿根廷的大豆消费量呈现先增长后波动下降的趋势，但 2000—2020 年，大豆消费量仍从 1 782 万吨增加至 4 159 万吨，累计增长 1.33 倍，年均增长率 4.3%。欧盟的大豆消费量在 2012 年之前持续增加，然后逐步下降，近年又有所增加，2000—2020 年，大豆消费量从 1 564 万增加至 1 790 万吨，累计增长 14.5%，年均增长率 0.7%。印度的大豆消费量呈稳步增长趋势，2000—2020 年，大豆消费量从 535

万吨增加至 1 162 万吨，累计增长 1.17 倍，年均增长率 4.0%。

三、全球大豆贸易形势

（一）全球大豆贸易总量变化情况

随着产量和消费量的持续增长，进入 21 世纪后，全球大豆贸易量（出口量）迅速增加，2000 年全球大豆出口贸易量为 4 738 万吨，2021 年达到 1.61 亿吨，20 年间累计增加 2.4 倍，年平均增长率 6.0%（图 4－5）。

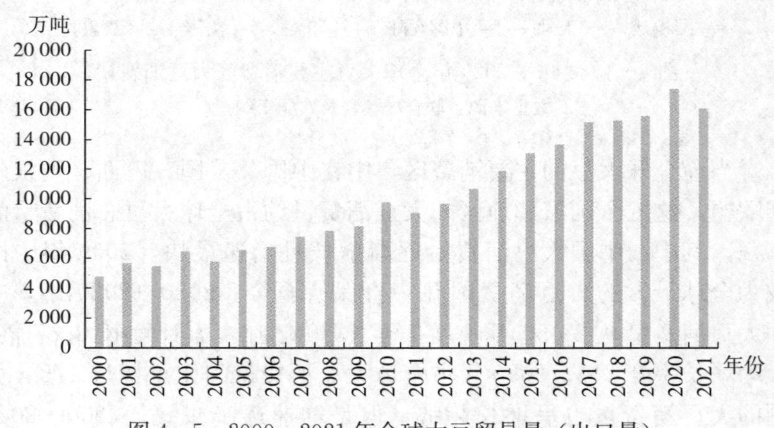

图 4－5　2000—2021 年全球大豆贸易量（出口量）

数据来源：联合国粮食及农业组织。

（二）主要出口国及出口份额变化情况

2000 年大豆出口量排名前十的国家或地区及其占比分别是美国（57.4%）、巴西（24.3%）、阿根廷（8.7%）、巴拉圭（3.8%）、欧盟（2.5%）、加拿大（1.6%）、玻利维亚（0.5%）、中国（0.4%）、印度（0.2%）、俄罗斯（0.1%）。2021 年大豆出口量排名前十的国家或地区及其占比分别是巴西（53.4%）、美国（32.9%）、巴拉圭（3.9%）、加拿大（2.8%）、阿根廷（2.7%）、欧盟（1.2%）、乌拉圭（1.1%）、乌克兰（0.7%）、俄罗斯（0.6%）、坦桑尼亚（0.1%）。

历史上，美国一直占据全球大豆出口市场的主导地位，2013年以来逐步让位于巴西。2021年美国大豆出口5 305万吨，较2011年增长54.6%，在世界总出口量中占比32.9%。2013年巴西大豆出口增长迅速并超过美国，巴西成为全球最大的大豆出口国，2021年大豆出口量达到8 611万吨，较2011年增长1.61倍，占世界大豆总出口量的53.4%。近几年阿根廷大豆出口呈现明显下降的趋势，2021年出口大豆428万吨，较2011年下降60.4%，在世界大豆总出口量中占比约2.7%。巴拉圭大豆出口波动增长，2021年出口大豆633万吨，较2011年增长24.3%，约占世界大豆总出口量的3.9%。加拿大大豆出口在2018年创纪录后出现下降趋势，2021年出口大豆450万吨，较2011年增长69.9%，在世界大豆总出口量中占比约2.8%。欧盟大豆出口缓慢增长，2021年出口大豆201万吨，较2011年增长12.2%，在世界大豆总出口量中占比约1.2%。乌拉圭大豆出口波动较大，2021年出口大豆177万吨，较2011年增长4.0%，在世界大豆总出口量中占比约1.1%。乌克兰大豆出口增加后开始下降，近年又出现增加趋势，2021年出口大豆114万吨，较2011年增长4.4%，在世界大豆总出口量中占比约0.7%（图4-6）。

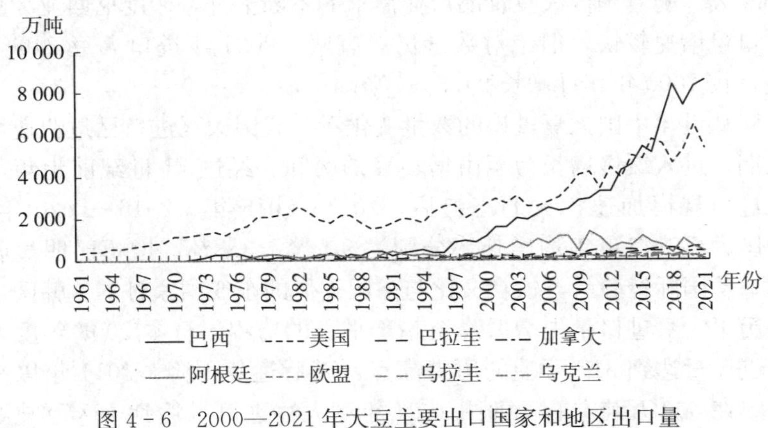

图4-6 2000—2021年大豆主要出口国家和地区出口量

数据来源：联合国粮食及农业组织。

（三）主要进口国及进口份额变化情况

2000 年大豆进口量排名前十的国家或地区及其占比分别是欧盟（31.8%）、中国大陆（21.5%）、日本（10.0%）、墨西哥（8.2%）、中国台湾（4.7%）、韩国（3.1%）、泰国（2.7%）、印度尼西亚（2.6%）、巴西（1.7%）、伊朗（1.2%）。2021 年大豆进口量排名前十的国家或地区及其占比分别是中国大陆（59.1%）、欧盟（10.4%）、阿根廷（3.0%）、墨西哥（2.8%）、泰国（2.4%）、埃及（2.3%）、日本（2.0%）、中国台湾（1.6%）、土耳其（1.5%）、印度尼西亚（1.5%）。

从 2003 年开始，中国超过欧盟成为全球第一大大豆进口国，且进口量不断增加。其间，仅 2018 年因中美经贸摩擦，2021 年因国内生猪养殖业持续亏损饲用蛋白消费需求下降造成大豆进口量下降。2020 年中国大豆进口量达到历史最高的 10 033 万吨。作为全球第二大大豆进口区域的欧盟，进入 21 世纪后其大豆进口量先下降后增加，但总体仍呈增加趋势。2000—2021 年，欧盟大豆进口量从 1 541 万吨增加至 1 706 万吨，累计增幅 10.7%。墨西哥大豆进口量稳步增长，2021 年进口量达 460 万吨，较 2000 年累计增长 15.4%。随着国内大豆食品产业需求的不断上升，印度尼西亚大豆进口量增速较快，但绝对数量仍然有限，2021 年进口大豆 249 万吨，较 2000 年累计增长 94.5%（图 4 - 7）。

从近年中国大豆进口的数量变化看，我国大豆进口已过快速增长期，进入缓慢增长乃至由增转降的区间。经过 21 世纪前十年大豆进口规模加速扩大的态势后，2011—2015 年、2016—2020 年，我国大豆进口量年均增长率分别为 9.2%、3.8%，增幅已明显收窄。从国际经验看，饮食文化与中国类似的东亚国家日本、韩国也经历了大豆进口量先增后降至趋于平稳的历程。日本 2003 年度大豆进口量达到 517 万吨的历史高点，随后逐年下降，2011 年以来稳定在 300 万吨左右；韩国 1997 年度大豆进口量达到 157 万吨的高点，随后波动下降至 120 万吨左右。

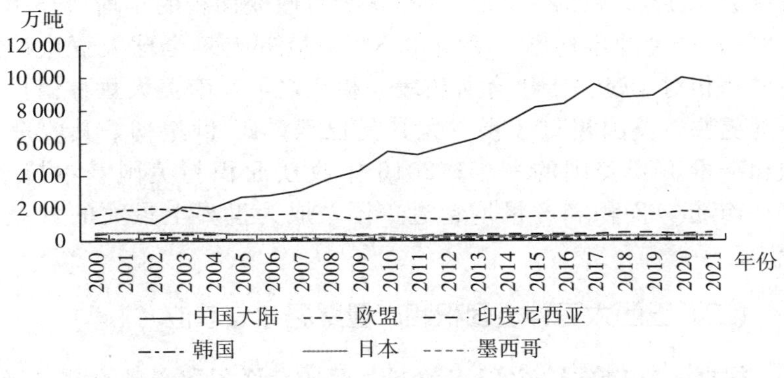

图 4-7 2000—2021 年大豆主要进口国家和地区进口量
数据来源：联合国粮食及农业组织。

四、全球大豆供需和贸易特征

(一) 近十年全球大豆生产规模增速放缓

全球大豆主产国集中在南北美洲，以美国、巴西、阿根廷为主，这三个国家年产量之和占全球大豆总产量的 80%以上。2000—2021 年，美国大豆收获面积从 2 930 万公顷增加至 3 494 万公顷，累计增幅 19.2%，年均增长率 0.8%，产量从 7 506 万吨增加至 12 071 万吨，累计增幅 60.8%，年均增长率 2.9%；巴西收获面积从 1 366 万公顷增加至 3 917 万公顷，累计增幅 1.87 倍，年均增长率 5.1%，产量从 3 282 万吨增加至 13 493 万吨，累计增幅 3.11 倍，年均增长率 7.3%；阿根廷收获面积从 864 万公顷增加至 1 647 万公顷，累计增幅 90.6%，年均增长率 3.1%，产量从 2 014 万吨增加至 4 622 万吨，累计增幅 1.29 倍，年均增长率 6.3%。这一期间，全球大豆收获面积从 7 431 万公顷增加至 12 952 万公顷，累计增幅 74.3%，年均增长率 2.7%；产量从 16 131 万吨增加至 37 169 万吨，累计增幅 1.30 倍，年均增长率 4.1%。其中，2002—2011 年全球大豆收获面积的年均增长率为 3.1%，产量的年均增长率为4.1%；2012—2021年全球大豆收获面积的年均增长率为2.3%，产量的年均增长率为3.8%。最近十年全球大豆生产规模增速相对于过去十年有所放缓。相比之下，南美大豆种植扩张速度更快，美国相对较慢。尤其是巴西，21世纪初，其收获面积和产量不到美国的一半；2016年收获面积与美国基本持平；2019年起，面积和产量均超过美国，成为世界上最大的大豆生产国。

（二）巴西大豆种植面积和产量跃居全球首位

根据FAO数据，2021年全球大豆收获面积和产量的增加部分主要来自巴西、巴拉圭，美国、阿根廷则有所下降。从美国的情况来看，一方面，2018—2019年持续近两年的中美经贸摩擦，以及中国随之实行的提高美国大豆进口关税税率的政策打击了美国大豆的销售价格，对其国内大豆种植积极性造成了一定影响，美国转而通过增加内需的政策保持美国大豆的市场需求及市场价格。另一方面，美国稳定的土地休耕补贴制度，以及大豆和玉米种植的竞争，也使美国大豆的种植面积难以随着全球大豆需求的增加而同步扩大。与此相比，巴西在中美经贸摩擦期间获得的价格红利，全球大豆市场需求的增加，都促使其通过土地开垦来扩大大豆种植面积。从2019年开始，巴西大豆种植面积和产量开始超过美国，巴西成为全球大豆生产规模最大的国家，近年在全球大豆市场的话语权也开始提升：2021年11月29日，巴西证券交易所运营商开始面向巴西农民企业推出巴西大豆期货合约，此交易合约是该企业与芝加哥商业交易所集团（CME）合作开发；2023年3月29日，中国和巴西达成协议，不再使用美元作为中间货币，而是直接使用人民币进行贸易结算。巴西是中国最大的农产品进口来源国，其中大豆又是中巴之间贸易量最大的农产品，这项协议在中国贸易商进口巴西大豆过程中，避免了美元汇率波动带来的价格风险。同时也将降低两国之间的贸易成本，以促进更大的双边贸易，并为投资提供便利。

(三) 以压榨加工为主的全球大豆消费量持续增加

全球经济发展、人口增长及科技的进步，都促进了全球范围内畜禽养殖业、饲料加工业及大豆压榨加工业的发展，拉动全球大豆消费持续增长。从全球大豆的消费结构看，压榨加工消费始终是其主要用途。近 30 年来，全球用于压榨的大豆数量及其占比仍继续缓慢提升，从 1991 年的 82.7%提升至 2021 年的 85.5%。全球大豆压榨量排名前四的国家分别为中国、美国、巴西和阿根廷，2020 年大豆压榨量占其消费量的比例分别为中国 76.6%、美国 93.1%、巴西 80.4%、阿根廷 86.8%。美国、巴西和阿根廷等主产国都具有庞大的大豆压榨产能，其大豆压榨后，生产出的豆粕和豆油等产品在满足国内消费需求外，主要用于出口，而中国的压榨加工消费需求则是拉动大豆进口增加的主要原因。

(四) 大豆贸易量占油料总贸易量的九成，出口供应高度集中

大豆是全球产量最大的油料作物，也是全球最大的油料贸易品种。全球大豆生产主要集中在巴西、美国、阿根廷等国，而主要消费国除了三个主产国外，还包括中国、欧盟、墨西哥、日本、东南亚等国家和地区，与出口国相比分布相对分散，导致大豆进出口市场长期活跃，年贸易量占世界油料总贸易量的 90%左右。油菜籽、葵花籽等油料作物由于产量相对大豆较少，贸易体量比较有限。2021 年全球大豆出口量 1.61 亿吨，油菜籽出口量 2 305 万吨，葵花籽出口量 506 万吨，花生出口量 342 万吨，棉籽出口量 114 万吨，其余油料作物如干椰子仁、棕榈仁的出口量更少。大豆的全球贸易量比其他油料品种要大得多；与大宗粮食品种的贸易体量相比，低于玉米和小麦，但高于稻米。2021 年全球玉米、小麦、稻米的出口量分别是 1.96 亿吨、1.98 亿吨、0.49 亿吨。

全球大豆出口国分布非常集中，世界排名前四的大豆出口国分别为巴西、美国、阿根廷和巴拉圭，2021 年四国出口量之和占全球大豆总出口量的 92.9%。由于大豆生产的基础是自然资源禀赋

和长期种植传统的形成，预计短期内这样的格局不会发生改变。近年大豆进口呈现出趋于集中的态势，当前世界排名前四的大豆进口国分别为中国、欧盟、墨西哥和阿根廷，2021 年，这四个国家和地区的大豆进口量之和占全球总进口量的 75.3%。历史上，日本和欧洲曾占据着世界大豆进口市场的主导地位，但自 20 世纪 90 年代中期以来，中国大豆进口量爆发性增长，超越日本和欧洲成为全球最大的大豆进口国。2021 年中国大豆进口量 9 652 万吨，较 2011 年增长 84.0%，在全球总进口量中占比 60.7%；欧盟大豆进口量 1 706 万吨，较 2011 年增长 26.1%，在全球进口量中占比 10.4%；墨西哥大豆进口量 460 万吨，较 2011 年增长 37.6%，在全球总进口量中占比 2.8%；阿根廷大豆进口量 487 万吨，较 2011 年增长 19.2%，在全球总进口量中占比 3.0%。中国是养殖业大国，饲用豆粕生产原料主要依赖国际市场，这也是 21 世纪以来中国大豆进口量持续大幅增长的主要原因。除中国外，比较重要的进口国家和地区还包括欧盟、中东、北非及东南亚国家，尤其是欧盟，其直接进口的大豆尽管只有 1 500 万吨，但从巴西和阿根廷每年还要进口 700 多万吨豆粕，折合进口大豆 2 000 万吨（南美出口高蛋白豆粕），总量看仍然在全球贸易中占据一定份额。此外，全球大豆贸易的集中性还体现在商业主体方面，长期以来，以美国 ADM、美国邦吉、美国嘉吉、法国路易达孚四大粮商为代表的国际粮商控制着美国、巴西和阿根廷等大豆主产国的收购、仓储和出口码头等设施，掌控了全球 70%以上的大豆货源。

（五）美国和巴西相互角力，争夺中国大豆市场

2013 年之前，美国大豆在中国进口大豆市场上占绝对优势，进口量及所占份额均高于巴西和阿根廷。不过，巴西大豆对华出口量及市场份额持续增长，2013 年起，巴西超越美国成为中国进口大豆第一大供应国，美国降为第二大供应国，阿根廷因其国内差异性出口关税政策大豆出口量呈下降趋势，在华市场占有率也在下降。2001 年我国进口美国、巴西、阿根廷大豆的数量占进口

总量的比例分别为39.8%、22.7%、34.7%，2008年该比例变化为41.2%、31.1%、26.3%。2000—2008年，美国大豆和巴西大豆的进口量和市场份额均在增长，而阿根廷大豆的市场份额却在下降，其下降部分被美国和巴西两国取代。在美国大豆大量涌入中国的同时，巴西对本国土地和退化草地进行清理，不断将其转换为耕地进行更多的大豆生产，凭借高效的大豆生产能力和价格优势，其国内大豆生产迅速扩张，出口量也在不断增加。2013年巴西一举超过美国成为中国进口大豆第一大供应国，同时也超越美国发展为全球第一大大豆出口国。当年巴西、美国、阿根廷三国大豆进口量占我国进口总量的比例分别为50.2%、35.1%、9.7%，之后几年一直维持巴西第一、美国第二、阿根廷第三的位置，2022年该比例变化为59.7%、32.4%、4.0%。相比之下，阿根廷大豆的生产和出口并没有像巴西和美国那样快速增长，其对直接出口大豆征收33%的高额出口关税，本国生产的大豆多在国内完成压榨，国内政策更多鼓励豆油和豆粕等加工品出口。21世纪以来，中国持续增长的大豆进口需求，以及美国和巴西大豆在国际市场上的出口竞争，共同推动了全球大豆贸易量的不断增长。

（六）豆油、豆粕等以大豆为原料的加工品贸易量增加

在全球大豆贸易量不断增加的同时，大豆加工的主要产成品——豆粕和豆油的贸易量也在增加。全球范围内，进口豆粕数量较大的国家分布在欧盟、东南亚等地区，进口豆油数量较大的国家包括印度等南亚国家。据美国农业部（USDA）数据，2022—2023年度全球豆油、豆粕的出口量分别为1 120万吨和6 588万吨，较十年前分别增长19.6%和12.7%，年均增速1.8%、1.2%。USDA于2023年2月最新发布的农业展望报告预测，未来十年全球豆粕进口需求量将增长12%，主要用于满足全球最大的豆粕进口地区欧盟、东南亚、拉美及其他国家或地区的需求。阿根廷、巴西和美国仍然是主要的豆粕出口国。全球豆油进口量在展望期内将增长

14%，主要受全球最大的豆油进口国印度及其他发展中国家的豆油进口需求拉动。阿根廷和美国的出口量分别能够满足豆油进口增长需求的约61%和33%。

（七）生物柴油生产拉动大豆消费量稳步增加

美国、巴西、阿根廷等大豆主产国利用丰富的大豆资源，为其生产生物柴油提供原料。其中，美国鼓励生产和使用生物柴油的政策最完善，延续性和执行力度也最强。美国发布的美国清洁燃料联盟报告称，预计2024年底美国生物质基柴油（生物柴油及可再生柴油）将达到51亿加仑[①]，较2021年底的32亿加仑增加19亿加仑，2050年的使用量将达到150亿加仑。2021年美国生物质基柴油原料中植物油占比略高于一半，其余来自动物脂肪、厨余废油和蒸馏玉米油等。同年，美国私营企业宣布将在未来三年内增加超过5亿蒲式耳的大豆加工能力，以满足生物质柴油生产的需要。巴西国家能源政策委员会（CNPE）2023年3月17日决定，从2023年4月1日起，生物柴油的强制掺混要求从10%（B10）提高到12%（B12）。该委员会还建议，从2023年到2026年，生物柴油强制掺混率每年提高1%，2024年4月提高到13%（B13），2025年4月提高到14%（B14），2026年4月提高到15%（B15）。阿根廷作为全球最大的豆油和豆粕出口国，2010年1月规定柴油中必须混合5%的生物柴油，2014年提高到10%。2020年由于新冠病毒肺炎疫情，掺混率一度降至5.2%。2021年的《生物燃料生产和可持续使用的法规和促进制度的第27640号法律》规定，生物柴油与柴油的混合比例至少为5%，政府表示当原料价格上涨过多，该比例可以降低到3%。2022年6月，柴油混合比例上调至7.5%，同时，在60天的临时期内（到8月中旬），中大型工厂可以提供5个百分点的额外增长，混合比例达到12.5%。60天的临时期结束后，添加比例将永久保持在5%～7.5%不变。

① 加仑为中国非法定计量单位。1加仑≈3.785升。下同。——编者注

五、大豆主要生产国供需情况

（一）美国大豆市场供需形势

1. 生产和供应情况

美国在 1954 年超过中国成为世界上最大的大豆生产国，2019 年被巴西超越，下降为世界第二大生产国。从美国最近十年的大豆生产规模来看，其大豆种植面积和产量总体呈上行趋势，由于单产增加较快，产量增速显著高于面积增速。2021 年美国大豆种植面积达到 3 494 万公顷，较十年前增长 17.0%；产量达到 12 071 万吨，较十年前增长 43.2%。转基因大豆在美国的广泛种植是产量迅速增加的主要驱动力。1994 年孟山都公司培育的抗草甘膦转基因大豆被批准商业化种植，自此大豆转基因技术在美国、阿根廷、巴西得到大面积的推广。目前世界前三大主产国美国、巴西、阿根廷 90%以上种植的是转基因大豆品种。这些高技术育成品种往往具有更耐除草剂、抗虫、高油酸、抗旱等特点，使大豆单产显著提高。近十年主产国大豆单产均呈增加趋势，其中美国是主产国中农业科技化程度最高的国家，其从育种、农田管理、天气预警、收割储存、信息数据处理等不同维度为大豆单产的持续走高奠定基础，也为其他国家发展大豆科技提供经验。2021 年，美国大豆单产 3.45 吨/公顷，较十年前增长 22.4%。

大部分美国大豆 5 月至 6 月种植，9 月底至 10 月收获，相比玉米晚播一个月，生长周期约为 3～4 个月。大豆种植主要分布在美国中西部，集中于中部平原和密西西比河流域附近，分别位于伊利诺伊州、艾奥瓦州、北达科他州、明尼苏达州、印第安纳州、密苏里州、内布拉斯加州、堪萨斯州、俄亥俄州、南达科他州等。该区域属于温带大陆性气候区，光热水资源丰富，土壤肥沃，是主要的大豆生产基地。其中，艾奥瓦州和伊利诺伊州种植面积均超过 11%，是全美大豆种植核心地区，该区域地处五大湖以南的平原地区，地势平坦，土壤肥沃，相对于北部的南北达科他州，大豆的产量、蛋白含量和出油率均较高。前五个州的大豆产量之和占总产量的50%左右。随着大豆种植不断向东北部扩展，北达科他州、南达科他州和内布拉斯加州的大豆种植面积大幅上升。近20年来，美国政府优厚的大豆政策补贴、大规模的机械化生产、单产较高的转基因品种，是刺激大豆种植面积不断扩张的直接原因，而经济全球化的发展，世界其他国家和地区对大豆及其产品需求量的不断增加也驱动美国大豆种植面积不断扩张。美国大豆农场主和农民合作组织都建有自己的仓储设施，大粮商在各州建立自己的仓储库和收购站。商业收购站遍布全美，是重要的农产品中转枢纽。同一地点有多家公司和仓储商的收购站，在收购过程中形成竞争局面，其结果是农民得到了最好的服务和合理的价格。美国农场主出售大豆具有明显的季节性，一般在收获后的半年内70%以上的大豆已出售完毕。其中，总产量的约40%用于国内加工榨油，约47%用于出口，其余用于种子、饲料和储备等。

美国拥有发达的运输系统，从产区到港口，公路、铁路交织，并分布着众多河流，其中密西西比河全长6 020千米，是美国乃至北美洲最长的河流，也是世界第四长河，流域内囊括了大豆主要生产州，为大约80%的美国大豆提供了河运通道。对于北部内陆区域来说，因距离美湾港口较远，主要通过铁路将大豆运输至美西港口，从美西出口的大豆数量约占总出口量的20%。从美国整个内陆运输来看，超过六成的大豆到达港口是由驳船运输，约三成由铁路运输，汽车运输占比较小。由于美湾位于密西西比河的下游，大豆主产区位于河流上游，天然的廉价驳船运输优势使美国大豆的内陆运输成本得到了很好的控制，增加了美国大豆在国际市场上的竞争力。

2. 大豆消费和出口情况

压榨加工是美国大豆消费的最主要方式，几乎95%的大豆都用作压榨加工。根据USDA数据，2020—2021年度美国大豆消费量6 263万吨，其中压榨消费5 832万吨，生产豆油1 133万吨，生产豆粕4 762万吨。豆油主要满足食品行业对植物油的需求，豆粕主要满足国内畜禽养殖行业的需求。目前豆油已经成为美国植物油消费中最主要的品类，占比达到50%以上。同时，越来越多的美国大豆油被用于制造生物柴油。美国能源信息署（EIA）公布的数据显示，2020 年美国用于制备生物柴油的大豆油消费量为 83.83 亿磅（折合 380 万吨），占全美生物柴油生产中植物油物料投入的 75.2%，占全美生物柴油生产物料总投入的 61.5%。由于美国主要使用豆油生产生物柴油，其生物柴油加工企业多位于中西部的大豆主产区。另据 USDA 公布的数据显示，2022—2023 年度美国用于生物柴油生产的豆油消费量达到 116 亿磅（折合 527 万吨），占全美豆油总消费量的 44.4%，而 2000—2001 年度用于生物柴油生产的豆油消费量仅 2 万吨，20 年累计增长 263 倍。相比之下，美国豆油的食用消费量不增反降，20 年间累计下降 10.0%以上。除生产生物柴油外，豆油在美国还被应用于生产环保型润滑剂等多个化学工业生产领域，利用方式较多元。此外，根据 USDA 数据，2022—2023 年度美国豆油出口量估计为 23 万吨，占总产量的 1.9%，占全球豆油出口量的 2.0%。

豆粕在美国主要用于加工动物饲料，根据 USDA 数据，2022—2023 年度美国豆粕饲用消费量约 3 574 万吨，约占豆粕总产量的 59.2%。从豆粕中提取的大豆蛋白还被用于制作不同的美式糕点、保健品等；豆粕在工业生产中则被用于复合材料、胶合板黏合剂、汽车和电器业的塑料、纸张上浆等生产制造中。综合来看，大豆在美国的加工利用空间不断拓展，分别投入到油脂加工、饲料制造、食品生产、新能源开发、工业生产等多个领域，多元价值不断被挖掘。根据 USDA 数据，2022—2023 年度美国豆粕出口量估计为 1 252 万吨，占总产量的 26.3%，占全球豆粕出口量的 19.0%。

美国大豆除国内压榨和库存，其余基本全部用于出口。2022—2023 年度美国大豆出口量估计为 5 484 万吨，占总产量的 47.1%，出口量较十年前增长 51.8%。

（二）巴西大豆市场供需形势

1. 大豆生产和供应情况

受全球大豆进口需求持续增长驱动，巴西大豆种植面积迅速扩大，巴西成为三大主产国中唯一一个近十年种植面积保持正增长的国家，特别在中美经贸摩擦之后，美国大豆种植面积下降，而巴西的大豆种植面积呈现出加速增长的趋势。2021 年巴西大豆收获面积为 3 917 万公顷，较十年前增长 63.4%。巴西主要种植转基因大豆，得天独厚的气候条件和较强的科技手段保证了巴西大豆单产的稳步上升。2021 年巴西大豆单产 3.45 吨/公顷，较十年前增长 10.4%。2019 年后，巴西取代美国成为世界上大豆产量最高的国家，2021 年巴西大豆产量 13 493 万吨，较十年前增长 80.4%，产量占全球总产量的 36.3%。

巴西地处南半球，和北半球美国的大豆种植时间刚好相反，巴西大豆一般于 9—10 月开始播种，一直延续到 12 月底全部种植完；次年 3 月开始收获，一直到 5 月底收获完。巴西大豆产区较为集中，40 年前大豆主产区主要集中在巴拉那州和南里奥格兰德州等南部和东南部地区，20 年前大豆主产区开始向中西部马托格罗索州转移，这三个州的大豆产量达到全国总产量的 60%以上。10 年前大豆产区逐渐向北部马拉尼昂州和托坎廷斯州发展，目前巴西大豆主要集中在三大产区：南部和东南部地区（包括巴拉那州、圣卡塔琳娜州、南里奥格兰德州、圣保罗州、米纳斯吉拉斯州）、中西部地区（包括马托格罗索州、戈亚斯州、南马托格罗索州）、北部和东北部地区（包括巴伊亚州、托坎廷斯州、马拉尼昂州、皮奥伊州）。其中，南部和东南部产区大豆产量占比约为 42%，中西部产区大豆产量占比约为 45%，北部和东北部地区大豆产量占比约为 10%。随着开垦范围的扩大，自 2011 年以来，巴西大豆的种植面积以平均每年 5.0%的速度在增长，大豆产量则以每年 6.1%的速度快速增长，相比之下，最近 10 年美国大豆种植面积的年均增长率为 1.6%，产量的年均增长率为 3.7%。

巴西地势东部港口高，内陆低，国内的大豆运输体系十分不完善。驳船运输需要更多的动力成本，铁路运输不发达，驳船和铁路运输只占到40%左右，公路运输是主要的运输方式。在过去的20年里，巴西只将GDP的2%投入到基础设施的建设中，而其他新兴国家一般投入5%，因此巴西的基础设施相对来说较为薄弱。巴西国内的商品流通目前主要以陆路运输为主，80%的货物通过卡车运输，导致交付时间长，运输成本高。大豆主要经卡车由陆路运输到港口。巴西大豆出口量最大的四个港分别是桑托斯港、里奥格兰德港、帕拉那瓜港、南圣弗朗西斯科港。

2. 大豆消费和出口情况

巴西所产大豆中不到一半留在国内消费，主要用于压榨加工，生产豆油和豆粕。根据USDA数据，2021—2022年度（2022年2月至2023年1月）巴西大豆压榨量5 115万吨，占产量的39.2%。与美国不同，这些大豆加工产品除了满足国内市场消费外，还有相当一部分用于出口。同年度巴西出口豆油264.5万吨，占其生产量的26.9%；出口豆粕2 029.7万吨，占其生产量的51.2%。

巴西生产的大豆除满足国内消费需求外，其余基本用于出口。根据FAO数据，2020年巴西国内大豆消费量5 965万吨，占总产量的49.0%；出口量8 297万吨，占总产量的68.1%，占全球大豆出口量的47.9%。巴西大豆出口占比从1978年的6.9%增加至2021年的63.8%，占比累计增加近十倍。

（三）阿根廷大豆市场供需形势

1. 大豆生产和供应情况

阿根廷全国基本属于温带气候，有全世界最富饶的农地，单位肥料使用量远远低于同类生产水平的国家。阿根廷的自然条件也极其适合大豆生产，容易获得高产。由于其温带气候条件与美国十分相近，所以可以将美国的大豆品种和先进的种植技术引进后直接使用，大大降低了技术引进成本。阿根廷每年一般可生产两季大豆。单季大豆每年11月初开始播种，局部产区10月份就能播种；12

月份小麦收获后可以播种双季大豆，播种工作会根据天气情况而断断续续，并一直延续到下一年的 1 月底。一般单季大豆早熟的品种 3 月就开始收获，一直延续到 5 月完成全部收获。双季大豆早熟的品种 4 月开始收获，一直延续到 7 月完成全部收获。阿根廷大豆生产主要集中在东北部的圣菲、科尔多瓦和布宜诺斯艾利斯三个省，三省产量合计占全国的 90%以上。

进入 21 世纪后的前十年，阿根廷大豆产量随着种植面积和单产的提高逐年增加。最近十年，阿根廷大豆种植面积呈下降趋势，主要原因是其国内玉米种植收益更高，农户倾向于种植玉米，加上主产区接连遭遇极端天气灾害，大豆单产急剧下降，大豆生产规模缩小。2021 年阿根廷大豆收获面积为 1 647 万公顷，较十年前减少 1.3%。得益于从美国引进的转基因大豆品种和先进的种植技术，阿根廷大豆单产增幅显著。2015 年度阿根廷大豆单产为每公顷 3.18 吨，仅略低于美国每公顷 3.23 吨的单产水平，较 2000 年增长 36.2%；2019 年大豆单产每公顷 3.33 吨，达到历史最高值，也是当年全球最高水平，较 2000 年增长 43.0%。2020 年以来，受极端干旱天气影响，单产逐年下滑。2020 年下降至每公顷 2.92 吨，2021 年继续下降至每公顷 2.81 吨。据市场估计，2023 年阿根廷大豆单产每公顷仅 1.8 吨左右，产量降至 2 700 万吨甚至更低水平，较 2015 年 6 145 万吨的历史最高产量减少 56.1%。

2. 大豆消费和出口情况

阿根廷政府对大豆及其加工产品实施差异化的出口关税政策，对大豆直接出口征收高额关税，豆油和豆粕的出口关税税率则较低，以此鼓励大豆加工产品出口。2020 年 3 月，阿根廷政府宣布将大豆出口关税上调至 33%，豆油和豆粕的出口税率上调至 31%。由于阿根廷国内具有较大的压榨加工产能，所产大豆大部分都在国内加工，并大量出口豆粕和豆油。2020 年阿根廷大豆压榨量 3 610 万吨，占其大豆产量的 74.0%；生产豆油 716 万吨，其中 73.6%用于出口，占全球出口量的 40.5%。据 USDA 数据，2021—2022 年度阿根廷生产豆粕 3 024 万吨，其中 91.5%用于出口，占全球豆粕出口量的 42.4%。2022—2023 年度阿根廷大豆因旱灾减产，大豆进口增加，大豆压榨加工量 3 150 万吨，是本国大豆产量的 1.39 倍。从正常年份来看，阿根廷大豆加工的豆油和豆粕以出口为主，是全球最大的豆油出口国和豆粕出口国，主要出口市场是欧洲和东南亚地区。

由于本国大豆面积和产量一直未能提高，2016 年后阿根廷大豆产量在全球的占比在 11%～15%徘徊，但总产量第三的地位未被撼动。据 USDA 数据，2017—2018 年度，阿根廷因遭受严重的干旱导致大豆减产，进口大幅增加，成为净进口国家。2021—2022 年度和 2022—2023 年度阿根廷由于拉尼娜气候和旱灾的影响，大豆单产和总产下降，大豆出口量分别下降至 286 万吨、330 万吨，进口量大幅增加至 384 万吨、830 万吨，阿根廷由之前的大豆净出口国转变为净进口国。

（四）其他大豆生产国供需形势

除美国、巴西、阿根廷和中国外，其他比较重要的大豆生产国还有南美的巴拉圭、乌拉圭，以及印度、加拿大、俄罗斯、乌克兰等国。2021 年印度、巴拉圭、俄罗斯、加拿大、乌克兰、乌拉圭大豆收获面积分别为 1 210 万公顷、364 万公顷、299 万公顷、213 万公顷、132 万公顷、91 万公顷，较十年前分别增长 18.9%、29.7%、151.9%、37.3%、19.1%、5.3%。

图 4－8 显示了印度等其他六国的大豆产量情况。2021 年印度大豆产量为 1 261 万吨，较十年前增加 3.2%；加拿大、俄罗斯、乌克兰大豆产量分别为 627 万吨、476 万吨、349 万吨，较十年前分别增长 40.4%、190.1%、54.3%。近年来，巴拉圭正常年景的大豆年产量在 900 万～1 000 万吨，但 2021 年受拉尼娜气候造成的极端高温干旱天气影响，大豆产量仅 418 万吨，较上一年度减少 56.6%。根据 USDA 数据，2022—2023 年度巴拉圭的大豆产量为 880 万吨，基本恢复到常年水平，而乌拉圭的大豆产量因旱减产至 290 万吨，较上一年度减少 62.9%，远低于正常年份水平。这

些国家的大豆生产规模相对较小，天气因素引发的产量波动幅度更显剧烈。

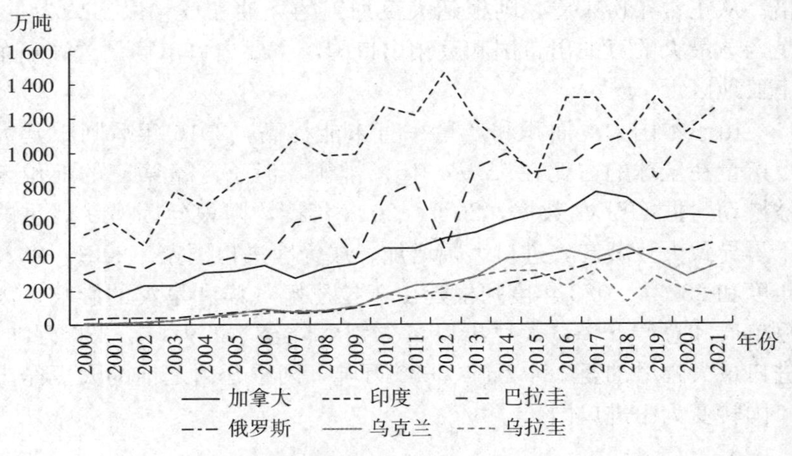

图 4-8 印度等六国 2000—2021 年度大豆产量情况

数据来源：联合国粮食及农业组织。

印度大豆生产以满足国内需求为主，2000—2020 年，印度大豆消费量从 535 万吨增加至 1 162 万吨，年均增长率 4.0%；压榨量由 469 万吨增加至 781 万吨，占国内产量的比重基本保持在 85%左右，近几年的占比有所减少。巴拉圭大豆以出口为主，其出口量占总产量的占比一直保持在 60%左右。2000—2021 年，巴拉圭大豆出口量从 180 万吨增加至 633 万吨，年均增长率 6.2%。同期，加拿大大豆出口量从 77 万吨增加至 450 万吨，年均增长率 8.8%。俄罗斯大豆大部分也是自用，而且需要从国外进口，近几年出口占比有所增加，占总产量的 20%左右，2021 年出口大豆 98 万吨。乌克兰大豆出口量增长趋势明显，2000—2021 年，乌克兰大豆出口量从 1 万吨增加至 114 万吨，年均增长率 26.8%。近年乌拉圭大豆主要用于出口，出口量占产量的比例在 90%左右，2021 年巴拉圭大豆出口量达到 177 万吨，而 2000 年出口量为 0（图 4-9）。

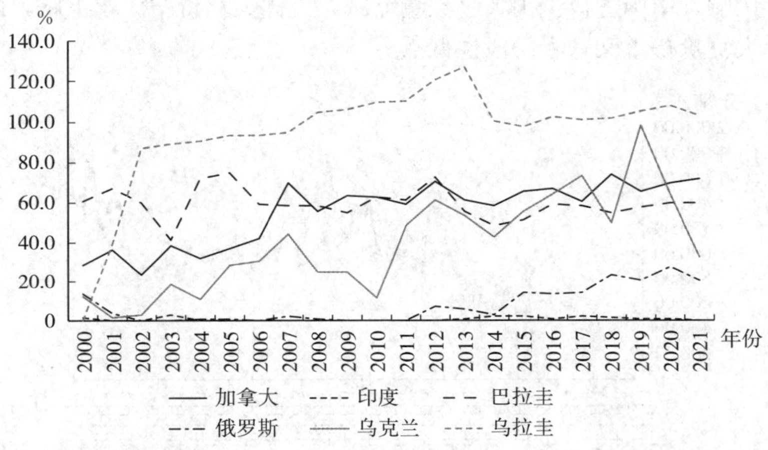

图 4-9 印度等六国 2000—2021 年度大豆出口量占产量的比重

数据来源：联合国粮食及农业组织。

六、国际大豆市场运行特征及趋势

（一）近年国际大豆市场走势分析

国际大豆价格走势主要受全球大豆市场供需形势的影响。在供应方面，全球大豆主产国和主要出口国有美国、巴西、阿根廷等国，按照各自大豆播种、生长和收获期的不同，每年接连均衡供应全球，因此其价格的季节性变化特征不是很明显，市场走势更多受到天气、物流等冲击大豆供应的因素影响。此外，由于大豆是全球贸易量最大的大宗农产品之一，也容易受基金等资本市场炒作的影响。图 4-10 显示了 2000 年以来国际大豆市场价格变化的情况。从 2014 年 9 月北半球新作大豆上市开始，全球大豆连续三年丰产，产量迈上一个新台阶，国际大豆价格步入低谷。随后的 2016 年 4 月，由于南美暴雨引发市场对主产国产量的担忧，市场预计当年全球大豆供应可能出现缺口，USDA 报告全球大豆库存量低于市场预期，国际大豆价格启动上涨。2018 年和 2019 年，受中美经贸摩擦影响，中国进口美国大豆数量缩减，美国大豆价格大幅下跌，国际大豆价格重又跌入阶段性低点。

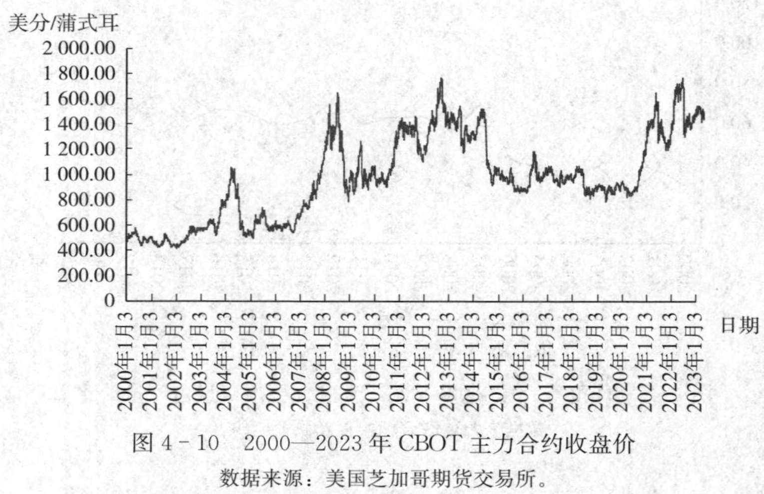

图 4-10　2000—2023 年 CBOT 主力合约收盘价

数据来源：美国芝加哥期货交易所。

2020 年国际大豆期货价格上涨，CBOT 大豆期货主力合约收盘均价每蒲式耳 953.10 美分（350 美元/吨），与上年相比上涨 7.2%。主要原因是 2020 年全球大豆需求快速增加，而全球连续两个产季产不足需，全球大豆库存下降，拉动国际大豆价格大幅上涨。中国大豆进口成本（青岛港口进口大豆到岸税后价）每吨 3 356 元，与上年相比上涨了 4.1%。国内外价差继续扩大，由 1 月的每吨 980 元增至 12 月的 1 857 元。

2021 年美国新豆丰收，南美大豆种植面积增加，播种进展顺利，国际大豆供需偏紧的态势有所缓解，但年末以大豆油为主要原料的生物柴油需求预期增长，美国国内压榨需求良好，对价格形成支撑，导致大豆价格仍然高于上年。2022 年初受拉尼娜气候影响，巴西、阿根廷等南美主产国大豆预期减产，国际大豆价格开始上涨。上半年受印度尼西亚等部分国家限制植物油出口、地缘冲突等外部因素影响，国际原油、马来西亚棕榈油、国际小麦、国际玉米等价格都达到了近十年以来的高点，6 月全球大豆价格也创下十年来的新高。7月开始，美国消费者价格指数（CPI）持续攀升引发市场对通胀的担忧，美联储连续加息后，大宗商品市场投资热度下降，国际大豆价格显著下跌。11月阿根廷干旱导致其新季大豆减产的趋势逐渐明朗，国际大豆价格小幅上涨。2022年国际大豆期货价格整体上涨，CBOT大豆期货主力合约收盘价均价每蒲式耳1 514美分（556美元/吨），同比涨11.1%，较2000年CBOT大豆期货主力合约每蒲式耳500美分（184美元/吨）的收盘均价上涨了2.03倍。

（二）未来国际大豆市场趋势预判

近年全球大豆产量及需求量均呈增长趋势，最近五年全球大豆产量年平均增长率为0.88%，同期需求量年平均增长率为1.26%，需求增速快于产量增速，大豆价格明显呈涨势。从2021年开始，全球特别是南美大豆产量受气候影响变化较大，而需求量基本稳定增长，大豆价格波动性增大。2023年巴西大豆产量大幅增加，抵消了美国和阿根廷等国的产量损失，全球大豆供需趋于宽松。此外，全球宏观因素也在促使粮食价格下降，国际货币基金组织等多家机构预测2023年全球经济增速将进一步放缓，美联储的强硬加息政策已将美元指数推高至20年来的高点，年内全球大豆价格有望震荡偏弱，价格整体低于2022年。

长期看，随着全球新兴经济体和广大发展中国家经济增长及民众生活的改善，全球大豆需求仍将增加，而受土地资源约束和环境保护的限制，全球大豆种植面积和产量增速将较过去十年显著放慢，预计全球大豆市场价格难以大幅下跌。原因之一是全球大豆需求仍在不断增加。一方面，随着新兴经济体及东南亚国家经济发展和居民生活水平的提高，肉蛋奶的需求将增加，会促进作为饲用蛋白原料来源的大豆的需求。另一方面，美国、巴西、阿根廷等国作为全球生物柴油主要生产国及主要消费国，其生物柴油的原料以豆油为主，近年来，这些国家的政府不断出台对生物柴油等生物质能源生产和使用的支持政策，生物柴油掺兑比例的提高让豆油未来的工业需求增速明显超过食用需求增速。此外，欧洲生物柴油生产对大豆原料的需求也在增加。据 USDA 公布的数据显示，2000—2001 年度用于生物柴油生产的豆油绝对消费量为 82.9 万吨，2020—2021 年度增长至 1 186 万吨，20 年累计增幅达 1 331.7%。

原因之二是全球大豆种植面积连年扩张，缩小了未来继续增加的空间。截至 2022 年，大豆主产国巴西已连续 15 年扩大大豆种植面积，预计之后的大豆种植面积增速将放缓。据巴西农业与畜牧部公布的展望报告显示，未来十年里，巴西大豆种植面积将达到 5 150 万公顷，较 2021—2022 年度的 4 140 万公顷增加约 1 000 万公顷，增幅 24.4%，主要是中部和东北部各州的播种面积增长。而在过去十年中，巴西大豆种植面积累计增长了 49.5%。

原因之三是气候变化引发的生产不稳定。全球多家权威气象机构预测已持续三年的拉尼娜气候将于 2023 年结束，2023 年下半年晚些时候很可能进入厄尔尼诺模式，2023 年的全球气温将高于 2022 年。2023 年 4 月，美国国家海洋和大气管理局（NOAA）预报，6 月份开始厄尔尼诺概率上升且 8—9 月进一步增强。厄尔尼诺现象可能引起全球气候异常，全球一部分地区会发生几十年甚至几百年不遇的严重旱灾，而另一部分地区却会遭受多年未遇的暴雨和洪水。尽管从历史经验看，与其负面影响相比，厄尔尼诺更多地会使大豆主产国如阿根廷和其他南美国家获得有利降雨补足土壤湿度供给，利好大豆生产，但其毕竟是一种气候灾害，对全球大豆生产的影响具有不确定性。此外，台风、冰雹、雪灾、冻害、龙卷风等灾害也会在全球各地发生，如果对大豆的生产或贸易、物流等造成损害，也将导致全球大豆市场的不稳定。

第五章

平衡中国大豆市场供需的综合判断和政策建议

综合我国农业生产资源的现实条件及发展大豆产业以保持一定安全水平的需求，未来我国大豆自给率提高后应稳定在适当的水平。当前扩大大豆种植面积是实现大豆产能提升的基础，未来提高大豆产能的重点应逐渐转向提升大豆单产方面，转基因大豆技术的发展和产业化应用是提高大豆产能，特别是提高油用大豆单产、降低生产成本的主要途径。近年来我国大豆消费需求增速放缓，压榨消费需求将趋于稳定，食用需求稳步增长。尽管国产大豆自给率将提高，但面对庞大的市场需求，我国仍需要利用好国际国内资源，进口大量大豆以满足大部分的压榨市场需求，这也是基于我国国情和粮食安全战略需要的现实选择。

平衡我国大豆市场供需，需要立足于国内生产，保证一定程度的自给率水平，政策重点放在依靠科技提高大豆单产，降低大豆生产成本特别是压榨加工用大豆的生产成本，在满足食用市场需求的同时，发展高油大豆以提高压榨市场需求的自给率。同时，发展食用大豆生产也应注重和市场消费需求密切结合。在需求管理方面，一方面引导和调整肉类需求和生产结构，促进蛋白饲料应用效率较高的禽肉的发展，适当发展牛羊肉等草食畜牧业产品；另一方面开展好畜禽养殖业豆粕减量替代技术研究，提高豆粕的应用效率。

针对我国大豆产业发展的弱质化和开放程度较高、受外部市场冲击较大的特征，需要建立和完善大豆产业链各环节的扶持政策体系，注重保持生产环节政策的稳定性、连续性、协调性，促进大豆加工技术和装备提档升级，促进大豆产品研发，重视品牌建设和国内外市场拓展等。我国大豆消费仍将依赖国际市场是短期内无法改变的国情现状，因此提高对大豆进口的掌控力始终是满足国内消费需求和供应链安全的保障，为此需要增强对国际一手粮源地的把握能力，推动中国大豆产业走出去，促进进口多元化发展，提高进口大豆采购效率和水平等。从长期看，需要进一步重视大豆环境友好、具有生态作用等多功能性，同时满足大豆市场消费升级的需求，促进中国大豆产业的可持续发展。

一、未来中国大豆市场供需发展的趋势判断

（一）逐步稳定并合理扩大大豆生产规模

1. 我国大豆生产仍需保持一定面积

大豆在我国大部分省区均有栽培，主要有北方春大豆区、黄淮海流域夏大豆区、长江流域春夏大豆区、东南部秋作大豆区和华南四季大豆区五大产区。其中，东北和黄淮海流域是我国面积最大、产量最高的大豆产区。主要产区基本集中在东北平原、黄淮平原、长江三角洲和江汉平原。根据品种特性和耕作制度的不同，我国大豆的五个产区分布状况如下：北方春大豆区，包括黑龙江、吉林、辽宁、内蒙古、宁夏、新疆等地及河北、山西、陕西、甘肃等地区北部，一般在 4 月下旬至 5 月上旬播种，10 月收获，是我国最大的大豆集中产区，种植面积和产量均占全国的一半以上。该区域的生态条件非常适宜大豆生长，特别是大豆鼓粒期昼夜温差大、光照充足，有利于油脂积累，同时具备规模种植的优势，符合加工企业对高油大豆批量大、品质一致性好的要求，因此该区域是我国最大的高油大豆主产区。从近几年大豆面积发展情况看，2022 年东北三省和内蒙古自治区大豆种植面积已经恢复到历史高位，尤其是黑龙江和内蒙古的种植面积增幅显著。考虑到国内玉米供需仍存在缺口的现实，继续提升该区域大豆种植面积的空间已经十分有限。

黄淮海流域夏大豆区主要包括河北长城以南、陕西中部和东南

部、山东和河南大部、江苏洪泽湖和安徽淮河以北、山西西南部、陕西关中地区、甘肃天水地区，是我国第二大大豆集中产区。该区域的大豆分为春播和夏播，以夏播为主，多在麦收后的6月中旬前后播种，9月中下旬至10月上旬收获。开花鼓粒期正值雨季，适合蛋白质积累，此区域是我国高蛋白大豆的主产区，也是优质蛋白大豆的优势产区，大豆品种的蛋白含量比黑龙江高3～5个百分点，区域内的山东、河南、河北等省是恢复大豆生产可行性最高的地区。以山东为例，山东省是大豆制种、加工和消费大省，当地种业生产供应了黄淮海地区和长江流域50%以上的大豆良种，大豆加工能力占全国20%以上，居全国第一位。全省遍布传统豆制品加工企业，并拥有大型大豆蛋白加工企业近20家，食用和蛋白加工用大豆消费量近400万吨，其中约50%的大豆蛋白产品销往国际市场。按现有的产量水平计算，至少需要种植2 000万亩的非转基因大豆才能满足全省需要。但是，2019—2021年，山东省大豆种植面积仅有270万～300万亩，总产量52万～55万吨，不足食用和蛋白质加工需求量的15%，不到总加工、消费量的5%。由于自产能力不足，山东省的大豆蛋白加工和豆制品加工企业纷纷到外地采购大豆。由于担心受转基因大豆污染，每批原料大豆从收购到加工出产品，都要经过十几次检验。不但增加了成本，而且增加了风险。为了降低风险和成本，不少企业甚至远到俄罗斯、巴西、阿根廷等国家和地区建立非转基因大豆原料生产基地。作为曾经的大豆种植大省，山东省的生产条件十分优越，但种植面积逐渐下降到历史最低水平，主要原因是大豆种植效益太低，农民不愿种。提高大豆产量、质量，增加农民收益，是恢复山东省及黄淮海产区其他省份大豆种植面积的首要和关键因素。

长江流域夏大豆、华南四季大豆和东南部秋作大豆区包括江苏、安徽两省长江沿海地区，湖北全省，河南、陕西南部，浙江、湖南西部和北部，四川盆地、西南部及东部丘陵，云南、贵州两省绝大部分，福建、江西、湖南、广东和广西的大部、云南南部边缘地区等。该区域生态类型多样，耕作制度复杂，大豆多与其他作物间作套种，温、光、水等条件适合高蛋白大豆生长，大豆主要用于加工豆制品。此外，该区域也是我国菜用大豆的集中产区，专家估计该区域内大约三成大豆是菜用豆，一般从 4 月至 11 月都有新鲜菜用大豆上市，具有上市期长、品质优的特点，除满足当地消费外，还出口到日本、美国等国家。近年来，长江流域的湖北和湖南省，南方的广东、广西和福建等省大豆种植面积下降较多，具有一定的恢复潜力。以湖北省为例，湖北省的地理条件十分适合高蛋白大豆生长，在推进农业供给侧结构性改革过程中，农业部门一直在引导调整优化种植结构，鼓励适当调减低效水稻和非优势区玉米，改种大豆、花生等效益较高的作物。2019—2021 年，湖北省大豆种植面积分别为 21.17 万公顷、21.97 万公顷、22.38 万公顷，同比分别增长－3.7%、3.8%、1.8%。从生态可持续角度看，大豆可作为轮作养地作物，在适宜的地区推行粮豆轮作等模式，可减少氮肥施用，减轻对土壤和水体的污染，但由于现有的耕地资源要重点保口粮、保谷物，湖北省增加大豆面积的空间并不大。

为提升国内大豆和油料供给保障能力，2021—2023 年的中央 1 号文件都强调发展大豆和油料作物生产。2021 年国家推出“大豆和油料产能提升工程”，提出要通过玉米大豆带状复合种植、开发利用盐碱地和长江流域冬闲田、利用新疆次宜棉区和北方农牧交错带等，扩大大豆、油菜和花生种植面积。2021 年提出完善玉米、大豆生产者补贴政策；2022 年提出稳定大豆生产，加大耕地轮作补贴和产油大县奖励力度，集中支持适宜区域、重点品种、经营服务主体，在黄淮海、西北、西南地区推广玉米大豆带状复合种植，在东北地区开展粮豆轮作，在黑龙江省部分地下水超采区、寒地井灌稻区推进水改旱、稻改豆试点，在长江流域开发冬闲田扩种油菜，开展盐碱地种植大豆示范；2023 年提出加大力度扩种大豆油料，深入推进大豆和油料产能提升工程，扎实推进大豆玉米带状复合种植，支持东北、黄淮海地区开展粮豆轮作，稳步开发利用盐碱地种植大豆。完善玉米大豆生产者补贴，实施好大豆完全成本保险和种植收入保险试点。种植面积是产能的基础，也是提高大豆产量的基础。大豆单产提高速度受到技术进步的制约，短期内增加大豆产量、提升产能仍需依靠面积扩大。

2022 年国家和部分主产省出台了一系列促进国产大豆扩面积增产量的政策，除在东北三省和内蒙古自治区提高大豆和玉米生产者补贴标准的差距、推行大豆-玉米轮作，在黄淮海冬麦区提高麦豆两熟制比例外，还在全国 16 个省份推广大豆玉米带状复合种植模式。2022 年全国大豆玉米带状复合任务面积 1 517 万亩，实际落实 1 624 万亩，超计划任务 107 万亩（超 7.1%）。从区域布局来看，除东北地区外，其他五大区域均有分布。其中，西南地区面积最大，重庆、四川、贵州、云南四省份合计占比 34.3%；其次是华北地区，内蒙古、河北、山西三省份面积合计占比 21.5%；华东地区的山东、江苏、安徽三省份面积合计占比 17.9%；华中地区的河南、湖南两省面积合计占比 12.9%；西北陕西、甘肃、宁夏三省份面积合计占比 12.2%；华南仅广西少量种植，面积占比 1.2%。从复合种植的结果看，达到了玉米产量基本不减、优势产区大豆产量较高的效果。从各任务省的情况看，大豆玉米带状复合种植玉米产量区间每亩 400～650 千克，粗略估算平均亩产 473.5 千克；大豆产量区间每亩 50～115 千克，粗略估算平均亩产 79 千克。从各任务省复合种植高产竞赛的结果看，复合种植玉米最高产出现在内蒙古和宁夏，亩产均在 950 千克以上；山东、安徽、内蒙古、山西大豆产量较高，亩产均在 150 千克以上。2023 年继续扩大黄淮海、西南、长江中下游和西北地区的带状复合种植面积。

2. 提高大豆单产是提升大豆产能的着力点

经过近年的恢复性增长，我国大豆种植面积已经达到 1 000 万公顷以上，受耕地资源和水资源紧张的限制，增长的空间越来越小。提高国产大豆供应量，更多需要依靠科技挖掘增产能力，提高作物单产水平和农民种植效益，并通过政策支持推进全产业链发展，做到产业链上各环节的良性循环，以保证大豆生产的相对稳定性。目前我国大豆单产与美国、巴西、阿根廷相比仍有较大的增长空间，未来提高单产是增加大豆产能、降低大豆单位面积生产成本，进而提高国产大豆市场价格竞争力的有效途径。我国大豆单产水平提升的关键是培育高产出率的劳动节约型大豆品种，并通过有效的推广手段提高品种更新率。[①] 2023 年农业农村部组织开展了主要粮油作物大面积单产提升行动，制定了《大豆单产提升三年工作方案》，全链条、全环节查找分析短板弱项，建立领衔专家包保机制，对 906 个大豆生产县形成“一县一策”的综合性提单产解决方案。聚焦 100 个大豆重点县，围绕良田、良种、良法、良机、良制，整建制推进大豆单产提升，示范带动大豆大面积均衡增产。

截至 2022 年，全球有 29 个国家或地区批准种植转基因作物，42 个国家或地区批准进口，种类已拓展到大豆、马铃薯、苹果、苜蓿等 32 种植物，累计种植 400 多亿亩。在已批准商业种植的主要国家，转基因作物种植比例已接近饱和。全球范围内主要转基因农作物种植比例为：棉花 79%、大豆 74%、玉米 31%、油菜 27%。其中，美国转基因种植面积全球第一。据美国农业部国家农业统计局数据显示，2021 年美国种植转基因作物 7 500 万公顷以上，接近全球转基因面积的 40%。其中，玉米有 93%的面积种植了转基因作物，大豆 95%，棉花 97%，油菜和甜菜接近 100%是转基因。与此相比，我国生物育种产业化历经 36 年：1986 年我国启动了国家高技术发展计划（“863”计划），其中包括重点支持水稻基因图谱、两系法杂交水稻和转基因农作物研发；2008 年启动了国家转基因生物新品种培育重大专项；2009 年批准了转基因抗虫水稻和饲用转植酸酶基因玉米的安全证书；2020 年党的十九届五中全会提出，瞄准生物育种等八个前沿领域，实施一批具有前瞻性、战略性的国家重大科技项目；2020 年中央经济工作会议和 2021 年中央 1 号文件中明确提出，有序推进生物育种产业化应用。

2019 年末以来，国家连续颁发多个转基因农作物安全证书，为转基因商业化发展奠定了基础。目前，我国共发放了多次农作物

① 司伟，李东阳：《品种推广对中国大豆单产的影响研究》，《农业技术经济》2018 年第 5 期。

的转基因生物安全证书，前四次分别在 1997 年、1999 年、2006 年和 2009 年。自从 2009 年国家颁发了两个转基因水稻和一个转基因玉米安全证书后，十年间我国转基因种子的研发如火如荼地进行，但其间都没有新的转基因农作物品种获批生物安全证书。间隔十年后，2020—2022 年，我国连续颁发四个转基因玉米和三个转基因大豆的生物安全证书，为我国转基因玉米和转基因大豆的商业化打下了基础，未来有望加速推进转基因农作物商业化进程，追赶国际种业市场。2021 年 11 月，农业农村部对《主要农作物品种审定办法》进行修改，新增转基因品种审定办法，主要规定了“谁可以申请”“申请需要提交什么材料”“审定的流程如何”等问题。2022 年 6 月 8 日，农业农村部发布《国家级转基因玉米品种审定标准（试行）》《国家级转基因大豆品种审定标准（试行）》并开始实施，主要规定了技术上“什么才算抗虫”“什么才算耐除草剂”，是品种审定办法的落地化、细节化。2021—2022 年，农业农村部对已获得生产应用安全证书的耐除草剂转基因大豆和抗虫耐除草剂转基因玉米开展产业化试点，目前进展较好。鉴于转基因技术在突破资源和环境约束方面具有巨大潜力，中国需要密切跟踪大豆转基因育种技术发展前沿，加大对大豆转基因育种技术研发的支持力度，预计未来转基因产业化发展对我国大豆产能提升的贡献将逐步实现。

3. 推进大豆规模种植，降低生产成本

农业是高度依赖自然资源和自然条件的产业，资源禀赋和农业生产规模决定了农业的基础竞争力。中国户均大豆种植规模约 0.5 公顷，在东北主产区也只有 3 公顷左右；而美国户均大豆种植规模为 303 公顷，在密西西比州更是高达 676 公顷；巴西和阿根廷的户均种植规模比美国更大。因此，美国、巴西、阿根廷等国家种植大豆的规模效益十分明显，种植收益也好于我国。

第三次全国农业普查结果显示，2016 年末全国规模农业经营户 398 万户；农业经营单位 204 万个，其中以农业生产经营或服务为主的农民专业合作社 91 万家。新型经营主体数量的增加有力地推动了农业生产向规模化和专业化方向发展，根据第三次全国农业普查结果，2016 年耕地规模化（南方省份 50 亩以上、北方省份 100 亩以上）耕种面积占全部实际耕地耕种面积的比重为 28.6%。

据初步测算，近十年我国农村土地流转面积的年均增速约为 3%。未来 30 年，综合考虑土地流转加快的趋势和新型城镇化对农村劳动力的吸纳作用，我国农村土地流转面积年均增速有望达到 3%～4%。据此估算，到 2020 年，经营规模在 50 亩以下的小农户仍将有 2.2 亿户左右，经营的耕地面积约占全国耕地总面积的 80%；到 2030 年为 1.7 亿户，经营的耕地面积比重约为 70%；到 2050 年仍将有 1 亿户左右，经营的耕地面积比重约为 50%。因此，在相当长一个时期，小农仍将是我国农业生产经营的主要组织形式。①

（二）大豆进口量仍将保持在高位

根据《中国农业展望报告（2023—2032）》预测，未来随着国产大豆产能的提升，到 2032 年国产大豆产量将超过 3 600 万吨，与 2022 年相比大幅提高 81.2%，但仍只能满足 1/3 左右的市场需求。因此，未来进口大豆仍将是国内大豆压榨的主要原料。随着中国大豆种植面积的增加，栽培和良种繁育技术的不断进步，大豆产量将不断增加，中国大豆自给率不断提高，大豆进口量将下降。预计 2027 年中国大豆进口量 8 653 万吨，2032 年中国大豆进口量 8 356 万吨，总体仍然保持在较高水平上。

（三）大豆市场需求增速放缓并趋于稳定

1. 我国大豆消费总量增速逐步放缓

大豆消费主要包括大豆压榨加工、食用、种用、损耗及其他消费等。20 世纪 80 年代之前，我国大豆消费以食用为主，随着人口的增加和收入水平的提高，对于油脂和肉蛋奶的需求持续增长，再加上我国加入 WTO 后低成本转基因大豆大量涌入，压榨行业规模

---

① 屈冬玉：《以信息化加快推进小农现代化》，《智慧中国》2019 年第 7 期。

化集中化程度不断提高，带动我国大豆压榨消费量迅速扩张，成为拉动国内大豆消费量快速增长的引擎。21 世纪以来，我国大豆消费量从 2000 年的 2 541 多万吨增加到 2022 年的 10 855 万吨，23 年累计增长 3.3 倍，年均增长率 6.5%。其中，压榨加工消费量从 1 826 万吨增加至 9 182 万吨，累计增长 4 倍，年均增长率 7.3%。从我国大豆消费发展趋势看，近十年我国大豆消费量年均增速 2.9%，远低于前一个十年的 6.9%，增速已明显放缓。从中长期看，受禽畜产品消费进入平台期、豆粕减量替代技术推广等因素影响，我国大豆消费增速将进一步放缓并趋于稳定。预计到 2027 年，我国大豆消费量 11 540 万吨，与 2022 年相比增长 6.3%，年均增速 1.2%；2032 年我国大豆消费量 11 947 万吨，与 2022 年相比增长 10.1%，年均增速 0.9%。

2. 国产和进口大豆形成两种消费格局

过去 20 多年，受油脂和肉蛋奶消费驱动，我国大豆压榨产业快速发展，加工产能迅速扩张，大豆需求持续攀升，但受国内资源环境制约，国产大豆产量不能满足需求，市场逐渐形成了进口大豆用于压榨、国产大豆主要用于食用的消费格局。形成这一格局的主要原因是，国产大豆单产低、种植成本高、价格更高、含油量低，在压榨领域竞争力不如进口转基因大豆（国产大豆亩产 130 千克，低于阿根廷 190 千克、美国 230 千克、巴西 237 千克的水平；国产大豆含油率 16.5%，低于进口大豆的 19.5%）。国产大豆蛋白含量高，更适合用于豆制品、酿造、大豆蛋白等的加工，以及提取大豆磷脂、黄体酮等产品。国产大豆价格通常高于进口大豆 15%左右，但食品企业原料成本占比低于压榨企业，对原料成本的敏感度不及压榨企业。不过食用市场规模总体有限且弹性较小，近几年稳定保持在 1 300 万～1 400 万吨水平，剩余 100 万～200 万吨国产大豆用于压榨，满足非转基因豆油和豆粕的差异化需求。多年来，为了降低压榨加工运输成本，大豆压榨行业多沿海、沿江设厂，加工产能一般在 4 000 吨/天以上。而从国产大豆主产区运输原料到压榨厂运输成本高、运量小，加工成本高、效率低，两个消费市场的格局进一步被强化。根据《中国农业展望报告（2023—2032)》，2022年我国大豆消费量10 855万吨，其中压榨消费量9 182万吨，以进口大豆为主；食用及工业消费量1 300万吨，以国产大豆为主。

目前国产大豆原料成本高、加工效率低，难以进入压榨加工领域。尽管国产大豆和进口大豆都能用于压榨加工生产豆油和豆粕，但国产大豆并不具有原料竞争优势。一是国产大豆原料成本高。国产大豆单产低、种植成本高；进口大豆单产高、种植规模大、成本低，具有明显的价格优势。国产非转基因大豆原料价格高于进口转基因大豆，在不考虑运费的前提下，主产区的国产大豆与港口的进口大豆之间常年每吨有500～1 500元的价差。二是油粕产品得率不同。进口大豆出粕率约78.5%，出油率约19.5%；国产大豆出粕率约81.5%，出油率约16.5%。三是运输成本不同。大豆压榨加工厂一般都在沿海，国产大豆产地离港口越远，运费越高，从黑龙江到大连汽车运输费用每吨220元，到天津每吨400～490元；进口大豆到各港口运费相差很少，一般各港口的差异每吨不高于7元。四是加工效率不同。进口大豆原料供应充足，工厂大多布局在重要的物流枢纽，能够覆盖更大的市场，产能一般在4 000吨/天以上，甚至超过10 000吨/天。同时，有分属南北半球的两个产区，能实现全年连续供应。国产大豆受原料供应量影响，工厂的规模较小，同时，受季产年销影响，如果不兼做进口原料，产能利用率很低，加工成本远高于进口大豆工厂。据此，受原料成本、产品价格、产品得率、运输成本、加工效率等因素影响，国产大豆压榨收益具有明显劣势。油脂加工企业普遍反映当前国产大豆进入压榨领域的门槛较高，认为目前国产大豆进入压榨领域，靠市场调节很难实现，需要政策扶持。

3. 大豆压榨需求逐步减弱

最近十年，我国饲料产量增速逐步放缓，豆粕消费量已过高峰期，大豆压榨消费需求减弱。2000年以来，随着我国经济的发展和人民生活水平的提高，国内经历了食用植物油和禽畜产品消费的高速增长期，以大豆为原料的豆油和豆粕在食用植物油和禽畜养殖中需求量最大、市场份额最高，豆粕饲用消费量的持续攀升推动我国大豆消费量日益增长。近年来，我国饲料加工业规模化程度和集中度不断提升，企业产业链调整重组步伐加快，呈现由大向强、由多向精发展。2021 年年产 10 万吨以上饲料厂 957 家，所产饲料合计占全国饲料总产量的 60.3%，其中年产百万吨以上规模企业集团 39 家，占全国饲料总产量的 59.7%。2013—2022 年，全国工业饲料总产量和配合饲料产量累计分别增加 56.3%、71.2%，与此相对比，上一个十年累计增幅分别为 1.2 倍、1.5 倍。随着国家对生猪产能的持续调控，生猪整体存栏水平预计在未来三年将进入稳定发展阶段，且随着“豆粕减量替代”技术的发展和推广应用，预计未来我国大豆饲用消费增速将进一步放缓。预计 2027 年大豆压榨消费量 9 438 万吨，2032 年大豆压榨消费量 9 621 万吨，分别较 2022 年增加 2.8%、4.8%。

4. 大豆食用需求稳定增长

我国是世界豆制品的最大生产国和消费国。豆制品是大豆食用消费的主要部分，是目前国产大豆消费的最主要渠道，其中豆腐类制品（豆腐、豆干、腐竹、腐皮等）占豆制品消费的 76.4%，发酵豆制品（酱油、腐乳等）占 15%，大豆饮品（豆浆、豆乳、豆粉等）占 5.8%，休闲豆制品占 2.7%。豆制品消费与国人的饮食习惯和人口数量密切相关，具有一定的消费刚性。豆制品加工业集中度较低，行业前 20 名企业的加工量占比不足 20%。豆腐类产品占豆制品消费的最大比重，消费量与人口分布密切关联，且以小企业和家庭作坊生产为主，消费市场高度分散。酱油等发酵豆制品加工主要集中在广东省，产量占全国总产量的 63.3%；大豆饮品企业主要集中在广东、江苏、黑龙江等地；休闲豆制品企业主要集中在湖南、重庆、四川等地。从中长期看，随着我国居民健康意识和消费能力的提升，大豆植物蛋白的营养价值将受到重视，新产品开发将加快，豆制品消费场景将进一步多元，鲜食类和休闲类豆制品等大豆食用消费仍有较大增长潜力。预计随着国产大豆产量的增加，2027 年豆制品消费将达到 1 400 多万吨，2032 年将达到 1 500

万吨以上。

大豆蛋白精深加工链条长，空间拓展潜力大。非转基因大豆压榨后生产的豆粕可用于加工大豆蛋白，大豆蛋白除用于肉制品、饮料、千叶豆腐等食品加工领域外，一些企业还在保健品、医疗用品及植物肉等领域继续拓展大豆精深加工。此外，大豆蛋白加工过程产生的废弃物中，可提取异黄酮、膳食纤维、低聚糖等副产物，异黄酮主要用于加工软胶囊等保健品，膳食纤维和低聚糖主要用于加工肠道和血糖调节类保健品。我国是大豆蛋白的主要生产国，2022年加工大豆约300万吨（含30多万吨进口非转基因大豆），生产大豆蛋白75万～85万吨，其中约55%用于出口。大豆蛋白加工产能集中在山东省，占全国蛋白加工产能的80%。国内前十名大豆蛋白加工企业实际产能约占全国的77%。未来，随着技术的发展，蛋白类、功能食品类、精细化工类等大豆精深加工产品消费量将逐渐扩大。除了满足国内需求外，大豆精深加工产品的海外市场也将被逐步拓展。

（四）大豆自给率提高后将稳定在一定水平

近年我国发展面临的外部政治、经济等形势不确定性增加。2018年中美经贸摩擦，2020年全球全面爆发新冠病毒肺炎疫情，2022年2月乌克兰危机爆发，2023年以来美国全面大幅加息引发了全球经济衰退预期等。其间发生的若干重大事件，从技术、结构、规则等各个层面深刻影响着未来较长时期世界经济走势和经济全球化进程。2023年6月，经济合作与发展组织（OECD）发布的经济展望报告预测全球经济增速将从2022年的3.3%放缓到2023年的2.7%，2024年回升到2.9%。从全球贸易发展形势看，从2018年开始，美国采取保护主义、单边主义和构建新型经贸规则的政策组合，推动国际经贸规则同时出现保守化的倾向。美国抛开WTO框架下的反倾销、反补贴等措施，更多采取基于国内法的“301”调查、“232”调查等，对进口商品增加关税壁垒，此后对技术等出口施加更多管制。在美国的影响下，国际金融危机爆发后就已出现的区域贸易协定缔结浪潮呈愈演愈烈之势，对以WTO为核心的多边贸易体制造成巨大冲击。农产品国际贸易也深受国际政治环境及地缘冲突的影响，乌克兰危机发生后，黑海粮食、油籽及产品出口受到影响，有着“欧洲粮仓”之称的乌克兰粮食出口中断了近六个月。此外，出于保障国内供给，冲突双方及周边国家多次采取禁止或限制本国基础农产品出口、增加粮食等农产品进口的措施，结果造成了供需紧张和价格上涨。2022 年 7 月，联合国、土耳其、俄罗斯、乌克兰签署黑海谷物倡议，恢复黑海地区的粮食出口。但每当协议到期，总会因担忧协议不能延续而造成玉米、油籽等农产品价格上涨。这些状况都直接或间接影响着中国农产品的进出口贸易和价格。

近 20 多年来，我国大豆消费量逐年增加，但满足消费增长的大豆主要来源于进口，而非国产大豆。在进口大豆数量快速增长的同时，国产大豆生产并没有明显改善，尤其是 2010—2015 年，生产更是一度萎缩，大豆自给率也下降到 11%～12%。经过 2016—2022 年连续多年的种植结构调整，目前我国大豆自给率已经从前期的低点开始回升，2022 年达到 18%。但受资源禀赋和农业生产科技进步速度的制约，未来我国大豆供给依赖进口的格局难以从根本上得到改变。大豆产业链较长，涉及育种、生产、油脂加工、食品加工、饲料养殖业、医药、化工等多个行业，过高的依赖度，必然对我国食品和产业安全体系构成威胁。一旦我国无法从国际市场上采购到足够多的大豆，将有一连串的行业受到影响。这要求我国进一步扩大国内大豆供给的不同来源渠道，适当恢复国产大豆产量、分散大豆进口来源风险，以增加主动权。与国产大豆相比，进口转基因大豆具有出油率高、蛋白含量低的特征，基本用于压榨加工，生产豆油和豆粕。因此，我国大豆产业安全的矛盾主要体现在大豆压榨产业链方面。

我国大豆生产成本较高，且为非转基因大豆，符合大豆食用或食品加工对原料的要求，加之与压榨加工企业相比，豆制品和食品加工企业对大豆原料的价格相对不敏感，因此发展高蛋白食用大豆有利于提高国内农业资源利用效率，增加农民收入，适合我国的国情。为保障粮食安全，大豆种植面积扩大受到限制，在低关税税率条件下，国内压榨用大豆市场需求逐步让位于进口大豆。为降低原料及物流成本，国内压榨加工厂多在沿海沿港沿江地区设厂，通常便于进口大豆加工，而远离国产大豆产地。这也使压榨和食用加工两个市场对原料采用的分化进一步加强。近十年来，国产大豆生产逐步放弃油用大豆发展，育种和种植向高蛋白大豆倾斜，其目的就在于满足豆制品和食品加工需求，同时获得相对更高的销售价格和利润。目前我国黄淮海及南方地区大豆蛋白含量多为 43%～45%，高者接近 50%，而东北产区近年也大多达到 40%～41%。高蛋白品种大豆适合于加工豆腐、豆浆等各种豆制品，也适合于生产浓缩蛋白和分离蛋白等蛋白深加工产品。近年市场需求为每年 1 500 万吨左右。考虑到国内大豆生产受资源约束且短期内难以根本改变，发展国内大豆的重点应该是确保国内食用大豆供给，优先守住食用大豆的市场份额，这样既可以通过相对较高的价格保障大豆合理的比较效益，又可以发挥有限资源的最大效能，可行性和必要性都相对较强。但是随着我国大豆生产的逐步恢复，2022 年我国大豆产量已超过 2 000 万吨，今后一段时期大豆产能预期还将增加，满足食用消费需求后，势必有部分大豆将进入压榨领域。综合来看，在资源有限的条件下，国产大豆生产在保证食用大豆市场完全自给自足的基础上，适度发展油用大豆生产，降低国产油用大豆生产成本，提高市场价格竞争力。同时还要加强监管，分开管理好食用大豆和油用大豆市场，避免低价进口油用大豆流入食用市场，造成食用大豆市场需求萎缩，冲击国产食用大豆产业。

多年来，我国土地等农业生产资源条件已经绷得很紧，尤其是东北黑土区耕地质量下降、湖南等部分地区耕地重金属超标、华北大漏斗区地下水超采、西北旱作区开发利用强度大、“北粮南运”与水资源时空分布不匹配等问题突出。面对国内资源环境承载力已经逼近极限的现实状况，即使未来城镇化发展、人口增长和城乡居民消费水平提升等因素仍将推动粮食消费总量保持刚性增长趋势，未来粮食生产也必须站在中华民族永续发展和资源永续利用高度，坚持绿色发展理念，严守生态保护红线，决不再以牺牲环境和继续加压资源承载力为代价来满足不断增长的粮食消费需求。大豆生产能力取决于农业耕地资源、水资源、气候条件、产业结构、基础设施、科技水平、劳动者素质、资本状况等自然条件禀赋及生产要素投入。其中，耕地数量和质量是最基本的约束因子。同时，随着大豆生产的发展，以及其与环境矛盾的日益凸显，越来越多的研究指出，面对耕地和水等资源日益稀缺、生态环境问题日益严峻及大豆需求刚性增长等严峻形势，需要重新审视大豆自给政策。所以大豆的自给率不宜一味求高，大豆自给率的规划还要与科技发展、农业生产效率相匹配。

二、平衡中国大豆市场供需的政策建议

（一）大豆产能提升的着力点在于提单产、降成本

1. 依靠科技进步提高大豆单产和品质

大豆产区的生产能力是决定大豆生产潜力的重要因素之一。我国大豆价格相对较高而效益仍然偏低，一个重要原因是国内大豆单产水平不高且不稳定。新中国成立以来，我国大豆单产虽然不断提高，2022 年已增加到每公顷 1 980 千克（亩产约 132 千克），但一直低于世界平均水平，且与美国、巴西和阿根廷等主要大豆生产国的单产水平差距不断扩大。解决大豆单产不高的问题，科技进步是基础，需要通过加强高产、优质、专用大豆品种选育，提高栽培技术，加强科技成果推广与普及，才能提高我国大豆单产和品质。在确保大豆品质的前提下，尽快提高大豆产量，实现增产增收。这一途径效果最明显，也最易被农户接受。我国在很长时间内，人多地少的矛盾都难以解决，不可能长期依靠扩大种植面积来增加大豆供给，只有依靠科技进步，提高大豆产量和质量，增加生产效益，才是增强国产大豆竞争力的根本途径。根据农业农村部消息，2022 年全国农业科技进步贡献率达到 62.4%。① 与此相对比，2012 年

① 马爱平：《2022 年全国农业科技进步贡献率 62.4%》，《科技日报》2023 年 2 月 10 日。

农业科技进步贡献率为54.5%。科技进步对农业农村经济发展的支撑作用显著增强，但仍然远远低于美国80%的贡献率。因此，应在国家大豆振兴计划的指导下，围绕大豆产业关键技术问题进行协作攻关，主要包括高产优质大豆品种选育、大豆绿色提质增效技术研究与集成、县域大豆高产创建、大豆深加工技术提升等。

鉴于国产大豆首要用途是满足食用，在此基础上再满足部分压榨加工即油用需求的定位，我国大豆育种需兼顾食用品种和油用品种，在满足食用和食品加工需求的同时，适当发展油用大豆品种的选育和研发。在大豆食用品种育种方面，要根据细分市场需求，瞄准专用品种制定育种目标和计划，做好品种储备，如选育高蛋白品种、高油品种、高异黄酮品种、氧化酶缺失品种，适合加工豆浆、豆腐、酱油的各种品种等；用作加工酱油则需要高蛋白、大粒、糖分较高品种；油脂加工企业需要高油品种，对籽粒大小要求较低。

2. 通过规模化经营提高大豆生产效益

大豆产业是弱质产业。大豆属于土地密集型农作物，也是形成蛋白质和油脂等高能量物质的作物，生长消耗的能量较高，单产远低于水稻、小麦、玉米等淀粉类作物。大豆适合于大规模机械化种植，由于我国大豆农户规模普遍很小，大豆生产分散在千家万户中，无法获得规模化带来的效益。因此，我国大豆生产面临的最大困境是农户土地规模过小，难有规模效益，而且机械化和标准化程度低，种植成本高。相比之下，美国、巴西和阿根廷的土地资源丰富，大豆的农场生产规模都远远超过我国，因此，美国和南美的规模效益显著。只有当我国大豆种植者的生产规模达到一定程度后，成本才能下降至美国等国家的水平，我国大豆产业的竞争力才能真正提高，大豆产业才会真正振兴。近年，以农民专业合作社、家庭农场和农业企业为代表的新型农业经营主体数量快速增长、规模日益扩大、领域不断拓宽、实力逐渐增强，在衔接小农户与现代农业发展、推进农业供给侧结构性改革、推动现代农业发展上发挥了重要作用，已成为我国现代农业发展的主力军、实施乡村振兴战略的重要力量。新型经营主体便于形成规模化、标准化生产，可保证商品大豆品质的一致性，便于与加工企业对接，形成生产、销售、收购的良性循环。同时，按大豆品种特性和面积建立供应链，发展专种、专收、专储、专运、专加工的体系。除通过土地流转实现规模化经营外，由社会化服务组织等经营主体为小农户提供社会化服务也能达到降低种植成本、提高作物标准化水平的目的。

3. 提高国产高油大豆压榨加工竞争力

由于大豆食用消费空间有限且增长缓慢，未来国产大豆增产后，势必要进入压榨加工领域并直面进口大豆的竞争。目前我国大豆成本竞争优势远低于进口大豆，成本差异最主要的原因是单产，因此要注重提单产、降成本，完善高油大豆良种繁育和推广支持政策，提高国产大豆压榨加工竞争力。当前美国大豆单产是我国国产大豆的 1.5～1.7 倍，如果国产大豆成本 5 200 元/吨，单产提升到 1.5 倍，2 000 万吨的大豆产量迅速提升至 3 000 万吨，成本就能降至 3 400 元/吨，与进口大豆成本相当。高产优质品种的繁育和推广，尤其是转基因大豆产业化种植成为提单产、降成本以及提升国产大豆市场竞争力的根本和关键。因此，要大力推动大豆种业振兴，在提升大豆育种基础科研能力和资源储备的基础上，突出对高油大豆优势种植区高油品种或转基因品种的研发和推广，考虑将良种繁育和推广的政策支持重点放在市场化育种和推广上，通过对企业研发和贷款环节进行补贴等手段，切实调动育种企业开展良种繁育和推广的积极性，从源头上提高大豆的生产效率，促进国产大豆进入压榨加工领域。

目前我国种植的是非转基因大豆，美国、巴西、阿根廷等主产国主要种植转基因大豆。以美国为例，我国大豆单产与美国差距明显，2021 年我国大豆亩产 130.2 千克，仅为美国大豆亩产 230.5 千克的 56.5%。从单产的变动趋势看，我国大豆单产增幅有限，1994—2021 年累计增长 12.5%，年均增速 0.4%；美国大豆单产呈波动上升走势，1993—2021 年累计增长 58%，年均增速 1.6%。我国大豆单产提高效率仅为美国大豆的 25%。如果我国大豆平均单产能够达到美国的水平，按照 2022 年 1.54 亿亩的种植面积计算，我国大豆产量能够达到 3 550 万吨；按 2 亿亩种植计算，我国大豆产量能够达到 4 610 万吨，大豆自给率将接近 40%。

4. 食用大豆生产应与市场需求紧密结合

虽然目前我国对大豆生产较为重视，但在生产、加工和消费等环节仍然存在较大的脱节，“为加而种”的产业链发展模式尚未建立。以豆制品为例，制作豆腐关注产品的出品率、保水性、韧性；制作腐竹关注产品的耐煮性、出品率，需要大豆中蛋白质和油脂的恰当比例；制作豆浆关注产品的口感和稳定性，需要大豆中油脂、蛋白质、糖分含量等比例合适。但目前普遍的情况是大豆种植和市场加工及产品消费需求的对接咬合等问题并没有得到有效的解决，种植、加工、产品消费市场之间信息严重不对称。从生产端看，当前我国已选育大豆品种 3 000 多个，有的主产区一个县就有几十个品种，混种混收现象比较普遍。加工企业难以获取专用大豆加工原料，无法生产高品质产品，质量也不稳定。同时，中间商收购大豆多以统一价格混收混售，影响了农民种植专用品种的积极性。有豆浆加工企业反映，目前行业内仅有“东农 252”等少量豆浆专用豆品种，且种植区域有限，无法满足加工企业的采购需求。从加工端看，不同加工产品对大豆蛋白、油脂含量的要求不同，目前针对大豆品质特性和加工适应性方面的研究仍不够，大部分企业对大豆采购和品种选择凭借经验，通常只有蛋白质含量单一指标，原料管理非常粗放。加工专用原料不足，混种混收导致加工企业和种植户收益下降，产业发展难以精细化、专业化。因此，食用大豆产能的提升需要与市场需求紧密结合，大豆产业链各环节良性循环，才能够为大豆生产提供稳定性保障。

（二）加强大豆市场需求判断和管理

1. 短期内为国产大豆进入压榨领域提供补贴

短期内国产大豆产量大幅增加后消费市场跟不上，容易出现卖豆难。但国家大豆产能提升的战略不能中断，更不能走回头路，因此需要进行阶段性需求管理。提高国产大豆单产、降低成本，直到完全达到进入压榨加工领域的竞争力仍需要较长时间。短期内要使企业采购高成本的国产大豆作为压榨加工原料，则需要根据年度间形势变化，灵活运用加工或运费补贴等政策工具，化解供需矛盾。在补贴油厂的位置方面，黑龙江省目前不允许加工（进口）转基因大豆，国产大豆存在季产年销的特点，销售期结束以后，工厂无法改用进口大豆，只能被迫停产，面临较大的停工损失。且黑龙江当地的市场规模较小，现有工厂的大豆加工能力超过 1 000 万吨，但年豆粕消费量只有 185 万吨，按 81.5%的出粕率测算，如果大豆加工量超过 230 万吨，产品就要外运，需要提供额外的运输补贴。因此，建议短期内国产大豆加工不一定局限在黑龙江当地的工厂，可以适当增加补贴额，将一部分大豆交给吉林或辽宁的工厂，提高工厂的开机率，降低企业的投资风险。在加工厂的选择方面，建议选取几家具有一定规模、管理规范、容易监管的企业，给予适当的加工补贴，补贴金额按照国产和进口大豆加工的效益差额核定。对于不在主产区的工厂，按照实际运输成本，给予运输费用补贴。国家根据企业的实际加工能力，与企业共同确定国产大豆加工的任务量，按照实际完成情况测算补贴金额。企业定期报告国产大豆的采购和生产情况，提供相关数据和证明材料，随时接受主管部门的检查和监督。

2. 促进草食畜牧业和禽类消费发展，减少蛋白饲料需求量

近年来，我国肉类产量和消费量总体增长，但年度间的消费量有波动，且增速放缓，消费结构也在发生变化。2014 年后猪肉产量下降，禽肉和牛羊肉产量上升。总体看，随着城镇化进程的推进，肉类消费量还将继续增长，但不会太快。据欧盟驻华代表团的数据显示，2017 年中国肉类消费量为 7 100 万吨，同期美国为 3 200 万吨、欧盟为 3 600 万吨，即中国一年的肉类消费超过欧盟和美国的总和。不过，如果以每人每年的平均消费量来看，中国为 50.3 千克、美国为 98.6 千克、欧盟为 69.6 千克，在肉类产品人均消费量方面中国明显仍有较大的增长空间。从消费结构来看，2017 年中国肉类消费量的 66%为猪肉，21%为禽肉（鸡鸭），8%

为牛肉，5%为羊肉。美国肉类消费量的 49%为禽类，26%为牛肉，24%为猪肉；欧洲肉类消费量的 35%为禽类，47%为猪肉，16%为牛肉，2%为羊肉。[①] 中国牛肉市场的增长空间依然较大，禽肉消费的占比也低于美国、欧盟等发达国家和地区。鉴于家禽的料肉比普遍低于猪肉、牛羊肉等，建议逐渐调整我国肉类消费结构，促进草食畜牧业和禽类消费发展，以减少蛋白饲料的消费需求量。

3. 加强豆粕减量替代技术研究，提高豆粕应用效率

我国是饲料资源短缺的国家，蛋白质饲料资源长期依赖进口，成为制约我国饲料工业和养殖业发展的瓶颈。与此同时，我国也是养殖大国，肉、蛋产量连续多年位居全球第一，但动物粪便排放产生的环境污染已经成为农村环境治理的一大难题。随着动物营养研究的深入，特别是低蛋白日粮配方技术的发展，在合理添加氨基酸和酶制剂的前提下，配合饲料中粗蛋白和磷的水平可以显著降低。为了推动饲料行业科技的进步，减少饲料原料消耗，降低养殖业对环境造成的污染，2018 年 10 月 26 日，中国饲料工业协会批准发布《仔猪、生长育肥猪配合饲料》《蛋鸡、肉鸡配合饲料》两项团体标准，并于同年 11 月 1 日起实施。新标准在全行业全面推行后，养殖业豆粕年消耗量和大豆需求量降低，对于保障我国饲料和养殖业蛋白原料供给和提高利用效率发挥了积极作用，还有利于提高我国饲料工业水平，破解养殖业的环境约束，建立可持续发展的产业体系。因此，改进饲料配方，降低高蛋白饲料占比，是降低豆粕等蛋白饲料消费的有效途径。实践中，大型饲料养殖一体化企业多使用低蛋白配方饲料；但养殖户普遍存在高蛋白就是高质量、低蛋白就是低质量的误区，饲料企业供应市场的饲料仍为高蛋白配方饲料，广泛推广仍需要时间。

4. 多策并举促进大豆食用消费增长

从目前我国大豆种植和消费市场的匹配形势看，食用消费仍是

---

① 冯迪凡·缪琦：《看着中国 800 万吨牛肉消费缺口，欧盟农场主们按捺不住了》，第一财经，2018 年 5 月 21 日。

拉动国产大豆产业发展的主阵地，是发挥目前国产大豆蛋白含量高等优势特性的重点领域。促进国产大豆食用消费需要从育种、流通管理、税负调整等方面综合施策。一是支持国内转基因大豆育种研究的同时，也需对非转基因食用大豆育种研究给予支持。尤其是针对当前加工适用性好、产地种植适应性强的优势品种进行升级育种研究，实现优势品种的产量品质双提升，解决种植端产量高价格好的预期与蛋白高、品质好、价优但产量低的矛盾。优化品种审定标准，在品种审定中增加加工特性方面（比如制作豆腐的出浆数据、豆腐韧性强度等）的数据。建立可供查询的品种数据库。二是推动加工专用大豆订单种植。根据市场和企业需求，组织加工企业与主产区合作，与种植大户组建农业产业化联合体，扩大订单种植面积，实现专品专种专收专储专用，建立产业链上中下游各环节主体协同发展的机制。在这方面，建议引导中粮贸易等企业可在发挥资本、信誉优势的基础上，提高对企业品质需求的精细化服务水平，同时与种植户建立稳定的从种子、生产、分品种收购到仓储管理的专业服务。三是降低增值税税负并在增值税进项抵扣方面提供便利。目前国内绝大部分地区豆制品加工业增值税税率为13%，而肉类、奶类等其他替代消费品为9%，造成了行业间的不公平竞争。同时，按照目前的税务规定，企业必须从农户手中收购大豆，并提供身份证明材料，才能做增值税进项抵扣。如果从农业经纪人处采购，由于这些经纪人很难提供正规的增值税发票，加工企业无法抵扣，会增加企业收购成本。建议将豆制品增值税税率从13%调整为与肉类、奶类等替代消费品齐平的9%，促进行业间公平竞争。同时放宽加工企业从经纪人处采购大豆需提供正规增值税发票的要求，为企业降低收购成本提供便利。四是做好转基因大豆产业化种植和流通管理。包括种植隔离、封闭储运、产品标识等，解决食用加工企业的后顾之忧。此外，鲜食豆制品保质期通常为1～4天，产品运输时全程需要冷链保鲜，而大部分地区未将豆制品纳入绿通范畴，过路费较高，建议将鲜食豆制品纳入绿色通道范围，发挥其保障民生的作用。

（三）完善大豆产业链各环节的扶持政策体系

1. 生产方面保持扶持政策的稳定性、连续性、协调性

从美国大豆种植成本收益来看，大豆的收益并不稳定，与玉米之间的比较收益同样不稳定。1997—2022 年，大豆种植 9 年亏损，玉米种植 17 年亏损，大豆收益 19 年高于玉米（图 5-1）。在种植经常性亏损的情况下，美国依然是世界第一大大豆生产国和玉米生产国，也是世界第一大玉米出口国和最重要的大豆出口国之一。这与美国对农业的支持政策直接相关。

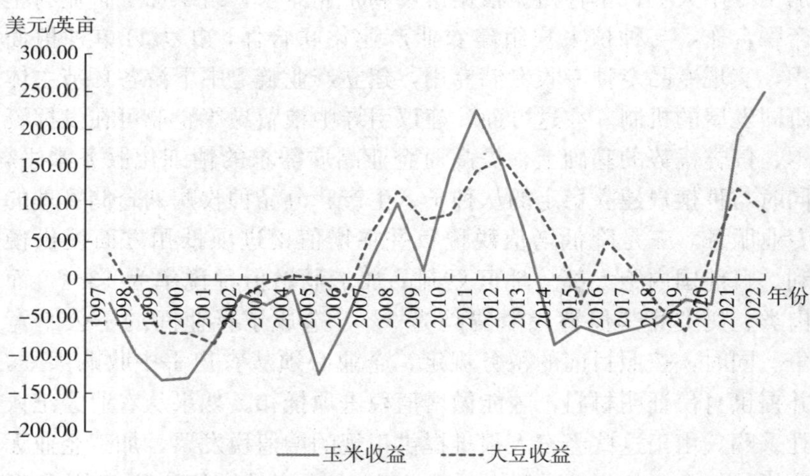

图 5-1　1997—2022 年美国大豆和玉米种植收益对比

数据来源：美国农业部。

我国在加入 WTO 谈判时取消了大豆的进口配额，并将进口关税降低到 3%，大豆为国家贸易平衡做出了巨大牺牲。而国内土地资源有限，政策上一直优先保证稻谷、小麦等口粮生产，即便是在与玉米的相较中，通常也是让产量更高的玉米先行。在种植大豆只有社会效益、基本没有经济效益的情况下，我国应强化大豆产业支持政策，把支持大豆生产与支持稻谷、小麦和玉米基本等同起来。

要权衡大豆国际国内比价及国内大豆、玉米等生产比较效益，在WTO农业规则许可的范围内，合理地确定大豆生产的国内支持措施和水平。小规模生产决定了中国大豆生产成本高、生产效率低，也决定了中国大豆基础竞争力与美国、巴西、阿根廷相比存在着巨大差异。随着中国劳动力成本的上升，这种差距不但难以克服，而且将进一步扩大。在面临国外大规模生产且获得高额补贴的大农场竞争的情况下，中国必须加强对农业的支持和保护，且支持和保护水平应与农业基础竞争力存在的差距相当。要充分利用WTO规则赋予的“绿箱”和“黄箱”政策空间，进一步加大财政支农力度，强化生产性支持，努力实现财政支持总量增加、比例提高、结构优化，并保持扶持政策的稳定性、连续性、协调性。在明确我国大豆产业定位的基础上，进一步优化大豆生产区域布局，明确大豆重点产区及其功能作用，确定基本种植面积和基础产量，加大对大豆种植的支持力度。中国可借鉴美国反周期支付的做法，建立与粮食种植收益联动的大豆生产补贴政策，保证大豆生产能够获得与粮食生产相当的收益。

2. 加工方面注重大豆产业升级和产品研发

目前我国大豆蛋白精深加工的产业链和价值链开发不足。在大豆食用消费中，大豆蛋白精深加工未来有望牵引大豆产业向高科技含量、高附加值阶段跃升。从20世纪90年代我国大豆蛋白加工产业起步以来，历经30多年的发展，大豆蛋白产品开发和市场拓展进入瓶颈期，大豆蛋白产品同质化现象严重，产业附加值有限，我国生产的普通大豆蛋白产品占全球市场比重的60%左右，已接近饱和，继续扩大规模的潜力有限。但在功能保健品、特医食品和高端饮料加工等高附加值领域，产品种类和品质难以满足市场需求，与世界知名企业还有较大差距，制约了我国大豆产业链、价值链向高端跃升。

由于产品研发投入较多，目前只有大型企业集团具备产品研发优势。举例来说，中粮油脂在豆油加工方面实现了零反式脂肪酸控制技术的应用，成功填补了零反一级大豆油的技术空白；在粕类深加工方面，完成了发酵豆粕研发中试线湿料建设并投产；实现了天然乳脂风味烘焙油、冷饮用油、冰品专用油、植物茶饮专用油和低反式脂肪酸植脂末用油等高毛利产品开发，完成了高端巧克力专用油技术储备。与此相比，豆制品加工企业受限于资金投入，产品研发步伐缓慢，且因为生鲜豆制品消费市场分散、产品保质期短销售半径受限、加工业集中度不高、品牌宣传投资大，豆制品在品牌建设方面不仅落后于豆油等产品，也落后于乳品类、肉类等产品，有地区性品牌，鲜有全国性品牌。

目前我国大豆产业在油脂加工、大豆蛋白深加工、豆制品加工等方面均有技术提升和产品研发空间，这也是延伸大豆产业链、提升价值链，促进国产大豆产业高质量发展的关键。建议加强以大豆蛋白为主要原料的植物基产品研发，优化大豆蛋白类产品布局，避免同质化竞争。以“预制菜”“药食同源”等消费新趋势为契机，既要巩固传统豆制品特色优势，又要适应消费者年龄结构、消费模式的转变，不断加强新产品研发和产业链拓展，拓展豆制品消费市场新空间。

当前，我国在大豆压榨加工设备和豆制品加工技术装备方面存在整体水平不高的情况，难以支撑产业高质量发展。我国大型油脂加工企业的压榨加工关键设备主要从跨国公司采购，近年开始积极提高从国内企业采购的比重，助力国产设备升级换代。但目前国内企业生产的设备在精准化、智能化、自动化，以及设备的故障率、稳定性方面，仍有提升的空间。同时，当前我国豆制品加工技术装备整体水平不高，高端装备依赖进口，价格较高、维修困难，很多企业无力承担；低端装备工艺落后，不利于产业高质量发展。很多企业虽然在磨浆、压制成形等部分工艺环节实现了机械化，但距全程机械化还很远，清洁化生产装备供应不足，生鲜豆制品行业发展难以形成规模效应。此外，豆制品加工废弃物处理成本高，加工企业面临较大环保压力。当前豆渣和废水高值化处理技术基本成熟，但设备和材料成本较高，普通企业无法承受。建议：一是加强关键技术与装备研发。分领域分环节梳理制约大豆加工的短板、弱项，确定近期、中期、远期攻关目标，制定提高大豆加工水平的问题清单。引导有关科研机构与加工企业开展联合攻关，开发功能保健品、特医领域专用大豆蛋白等高附加值产品。二是推广清洁、环保生产技术装备。加强清洁化、自动化大豆加工装备、工艺和材料的推广应用，提高豆制品加工行业自动化、智能化水平，降低大豆加工能耗。集成并优化豆渣、废水综合利用技术，实现功能成分的工业化回收，提高大豆蛋白加工产业综合效益。加大农业产业融合项目的支持与引导，鼓励规模豆制品加工企业开展技术装备改造升级。

3. 销售方面重视品牌开发和国内外消费市场开拓

目前我国大豆产品品牌建设仍有待突破。我国是大豆原产国，大豆种植和豆制品加工的历史源远流长，体现了农耕文明的深厚底蕴，做好国产大豆品牌开发和产品市场开拓有助于促进整体产业升级、增值。建议：一是培育全产业链品牌。讲好中国大豆品牌故事，将现代科技、市场理念与传统文化融合，挖掘大豆农耕文明和文化内涵，从国产大豆品种、种植、加工、流通全链条出发，借助中国农民丰收节、中国国际农产品交易会等平台，组织行业观摩学习和经验交流，分品种、品类推介一批国产大豆区域公用品牌、产品品牌、企业品牌等，加大宣传力度，在国内外消费者心目中树立“中国好大豆”形象。二是系统策划促消费专题活动。依托豆制品协会、中国营养学会等社会力量，策划举办“世界豆类日”“全民营养周”“大豆食品、植物蛋白加工技术及设备展览会”“大豆营养价值开发利用论坛”“大豆蛋白产业链发展论坛”等活动，宣传国产大豆营养健康价值，推介国产大豆加工新产品新技术，挖掘国产大豆消费潜力，探索中小学生营养餐中增加植物蛋白食物比重，多方式、多渠道拓展国产豆制品、蛋白食品、发酵食品、饮料等消费空间。三是持续开展国产大豆营销促销。组织协调中国农产品市场协会、中华粮网、中国粮油商务网等机构，按照市场化原则，开展多种形式的国产大豆线上线下产销对接活动，协调推动大豆订单生产，帮助加工企业与主产区大豆种植大户、合作社建立长期稳定的合作关系，促进国产大豆顺畅销售。

（四）提高对大豆进口的掌控力

1. 增强对国际一手粮源的把控能力

长期来看，国家提升大豆生产产能的政策导向将推动国产大豆产量提升，未来新增国产大豆将更多用于压榨，从而降低我国大豆需求的对外依存度，但每年 9 000 多万吨的压榨量仍将以进口为主，我国大豆供给主要依赖进口的格局难以改变。因此，仍需充分利用两个市场、两种资源保障我国豆粕及油脂消费需求。建议继续鼓励中粮集团等企业加速在南美、黑海区域的布局，提高海外大豆直接采购比例，扩大对国际一手粮源的控制规模，提高对进口上游豆源的掌控能力，维护进口大豆供应链。2022 年中粮集团海外大豆经营量超过 2 500 万吨，向中国市场销售近 2 000 万吨，为中粮油脂及其他国内压榨企业提供了有竞争力的原料供应；2022 年 6 月，中粮集团承担了国家发展和改革委下达的 2 000 万吨巴西大豆供应链牵头建设职责，目前正围绕桑托斯港码头改造扩建，提高大豆掌控能力，加强与中远海、招商局的国际运输合作，三方面加快推动相关工作。今后要继续依托巴西、阿根廷等地的码头、仓库、大豆加工厂等战略资源，以及长期形成的渠道网络、市场化能力等优势，增加对巴西等主产国大豆物流运输等基础设施的投资，不断拓展海外豆源，提高直接采购比例，降低采购成本。

2. 促进大豆进口来源渠道多元化

大豆种植的最大基础是自然资源禀赋，美国、巴西、阿根廷之所以大豆种植发展得好，根本在于其丰富的土地和水资源等，这也是其能够成为全球主要大豆出口国的原因。从我国开始进口大豆以来，大豆进口对象逐渐集中到美国、巴西、阿根廷三国，且进口量占比越来越高。这是全球自然资源分布状况决定的，短期内难以改变。但是这也增加了大豆进口本身或进口大豆供应链的风险。大豆进口过度集中在某一个或某几个国家，一旦发生较大的气候灾害造成出口国大豆产量受损，国家间的贸易摩擦，或者受地缘冲突等外部事件或环境的影响，大豆供应链出现不畅通的情况，都会影响到进口国的正常进口。因此，应该未雨绸缪，促进大豆进口多元化，降低大豆进口风险。通过近几年的发展，我国逐渐从加拿大、乌拉圭、乌克兰、俄罗斯等非传统大豆出口大国进口大豆，也从贝宁等非洲国家进口大豆。尽管这是一个长期和逐渐发展的过程，但仍需要从降低风险的角度加以重视。今后还需进一步推动大豆进口多元化，积极开发俄罗斯、中亚、东南亚等进口市场，扩大国内大豆供给的不同来源渠道，建设安全稳定、高效畅通的国际供应链，增强大豆进口话语权，分散大豆进口来源风险。

3. 加强国际市场趋势判断，提高采购效率和水平

近年来，全球大豆贸易规模扩大，吸引了很多国际资本和投资基金参与国际大豆贸易投资或资本炒作。国际资本的参与和运作活跃了大豆市场，但也增加了国际大豆市场价格的波动频率和不稳定性，尤其在发生气候变化等影响市场供应的状况时，资本的参与更是放大了对市场的影响。目前我国大豆进口采用在国际大豆期货市场点价的采购方式，国际大豆期货市场价格的剧烈波动对采购商生产经营的影响增大，一旦采购的时机把握不准，容易造成大豆原料采购成本过高，形成经营亏损。目前国内外资企业和大型企业集团都成立了专门的采购团队，采购研究和采购过程进一步专业化，经常是集团公司总部统一采购，然后向下属的各地油脂加工企业分配，进而提高整个企业集团的抗价格变动风险的能力。但是对于国内的中型或小型油脂企业来说，难以成立专门的团队来进行采购研究并完成采购程序等，其面临的经营风险较大。建议通过合作和培训等方式，提高中小企业对大豆市场的监测预警能力，进而更好地规避风险，提高采购效率和水平。

4. 促进中国大豆产业走出去

美国大豆产业的成功，不仅体现在其国内大豆产业发展的成功，也体现在向巴西、阿根廷等南美国家输出的大豆品种、种植技术、农资等投入品和种植机械，以及大豆市场开发、企业经营贸易等方面。因此尽管南美已经成为全球最大的大豆生产和出口地区，但其大豆生产依然牢牢地被控制在美国或美国商人手中，其转基因大豆种子等核心关键技术，甚至农资购买、产品销售等也掌握在企业集团、资本家手中，大豆生产的部分利润也被攫取。尽管中国大豆的种植面积有限，但是也可以鼓励大豆产业走出去，通过向国外输出优良的大豆品种、先进的种植技术和机械设备、贸易和物流等产业链服务等，促进国外的大豆种植技术发展；也可以和部分国家开展大豆种植服务合作，利用国外的资源发展大豆生产，将大豆运回国内满足市场需求；还可以发挥中国大豆食用文化的影响力，面向全球“打品牌、打市场、搞加工”，把中国的大豆产品品牌、先进的豆制品加工技术等宣传到全球，开拓大豆制品的全球市场。

（五）促进中国大豆产业良性发展

1. 发挥好大豆的环境、生态作用等多功能性

大豆具有重要的生态价值。大豆根上生有大量根瘤，能够固定空气中的氮，一亩大豆可固定氮素 6～10 千克，可提高间套作物及后茬作物的产量与品质，是重要的养地作物，在农业可持续发展中具有重要的生态功能，大豆与其他农作物的轮作与间作是一种可持续的耕作制度。大豆与玉米等粮食作物的轮作具有打破病虫害生长周期、避免土壤紧实、控制杂草和防止作物在生长季生长缓慢等功效，已被联合国粮农组织列为保护性农业技术之一并在全世界范围内推广。[①] 2018 年联合国大会第 73 届会议通过决议，决定将 2 月 10 日定为“世界豆类日”，也是豆制品首个世界级的节日。2023 年 2 月 10 日是第五个“世界豆类日”，联合国粮农组织将当年的主题确定为“豆类促进可持续未来”。

今后强化对大豆生产的支持，可以从绿色生产和农业可持续发展要求出发，政策着力点放在促进大豆和其他作物轮作上，实现大豆国内生产的多重功能。从环境保护和农业可持续发展的角度，全面实行轮作补贴，鼓励大豆-玉米轮作，增强政策的长久性和可持

① 李奕聪，司伟：《充分发挥大豆的独特价值》，《农产品市场》2023 年第 5 期。

续性。发挥轮作制度节本增效的综合效益，不仅能补贴大豆，而且补贴了其他作物，稳定了农民种植预期。通过补贴，让大豆与其他作物的比较效益大体一致，这样新型经营主体、土地流转地租就会相对稳定，种植户也好提前规划种植方式等。建议以五年为一个轮作周期，便于轮作及秸秆还田处理。在东北第五、第六积温带，即黑龙江齐齐哈尔以北地区，大多只适合种大豆，轮作受到限制，这些地区涉及农村人口 200 多万，在这些地区大豆具有不可替代的作用，建议将大豆补贴与“扶贫”政策挂钩，保证豆农的绝对收益和就业。部分地区大豆只能与小麦或其他杂粮轮作，应根据实际情况进行轮作补贴，如在高寒地区北部给予大豆-小麦轮作补贴等。此外，在黄淮海等生产恢复潜力较大的产区，应给予大豆生产补贴或者轮作补贴，以平衡种植者收益，提高该区域种植户恢复大豆生产的积极性。

2. 满足大豆市场消费升级的需求

考虑到中国的国情和农业资源禀赋，食物系统向营养、健康及可持续转型是健康中国的必然要求。大豆营养价值高，是优质蛋白的重要来源。大豆含有丰富的蛋白质、不饱和脂肪酸、钙、钾和维生素 E 等。其中必需氨基酸的组成和比例与动物蛋白相似，而且富含谷类蛋白质缺乏的赖氨酸，是与谷类蛋白质互补的天然理想食品。此外，大豆还含有许多有益于健康的成分，如大豆异黄酮、植物固醇、大豆皂苷等。相对于肉类，大豆有着更高的蛋白质含量和更低的脂肪含量，还富含钙、磷、铁、大豆卵磷脂、蛋白酶抑制素及植物胆固醇等，长期食用具有提高免疫力、预防心脑血管疾病、延缓衰老等重要作用。① 大豆深加工所生产的大豆蛋白可用于肉制品、饮料、千叶豆腐等食品的加工，大豆深加工过程中，还可提取异黄酮、膳食纤维、低聚糖等副产物。我国大豆制品具有丰富的产品体系，根据《大豆食品分类》行业标准，共有 14 大类。随着消费人群的细分，品种越来越多，几乎涉及消费的各个场景和各个领

① 李奕聪，司伟：《充分发挥大豆的独特价值》，《农产品市场》2023 年第 5 期。

域。以消费场景划分，有早餐类豆制品、菜肴类豆制品、休闲零食类豆制品等；按品类划分，包括豆浆类等与奶可以相互替代的液态产品，以豆腐系列为代表的生鲜类豆制品，以各种口味的豆腐干等为代表的休闲类豆制品，以能量棒、大豆纤维饼干为代表的代餐食品，以腐竹、腐皮为代表的干燥制品，以冻豆腐、千叶豆腐等为代表的速冻豆制品，以大豆冰激凌等为代表的冷饮豆制品，以毛豆、豆芽为代表的蔬菜，以豆浆粉为代表的冲调代餐食品等。随着经济的发展和居民健康意识的增强，大豆市场消费也面临着需求升级，豆制品消费场景将进一步多元化，鲜食类和休闲类豆制品等大豆食用消费仍有较大增长潜力，大豆蛋白类新产品开发也将加快。建议加大力度研究国内外市场需求的发展，积极加快新产品的研发，满足不断升级的市场消费需求。

3. 发挥协会在标准制定、行业管理方面的功能和优势

促进中国大豆产业的健康、可持续发展，行业协会有很大的作用发挥空间。建议行业协会在行业标准制定、行业信息共享平台建设、产品联合研发等方面发挥作用，同时规范行业内企业生产经营行为，避免恶性竞争等。一是制定中国食品大豆标准指导原则，在此基础上企业可制定自己的食品大豆标准，以带动、提高大豆栽培水平和质量。二是利用行业数据和信息资源，建立信息化共享平台，做到数据共享，让大豆种植户能够免费查询到相关信息，及时了解市场供应和需求变化，利于调整种植结构，做到及时规划及产销加工对接。三是促进企业间合作，开展大豆营养知识联合宣传，共担研发成本，联合开发大豆新型制品。四是发挥协会作用，鼓励农民组织起来和加工企业联合，加工企业到产地建设原料基地，以龙头企业带动产销，发挥国内产品细分对接市场的优势，通过市场需求提高大豆价格，保障农民收益。

附录一　2015 年黑龙江省大豆目标价格改革试点评估报告

2015 年在总结上年度大豆目标价格改革试点工作经验基础上，黑龙江省改进工作方式方法，细化实施执行细则，确保关键环节落实。总体来说，改革试点工作进步较快，在一定程度上促进了种植结构优化和农民增收，部分关键环节仍存在提升空间。

一、大豆目标价格改革关键环节落实情况

从对黑龙江豆农问卷调查的统计结果看，244 户有效样本中，60.6％对目标价格补贴政策总体表示满意；对各关键环节的满意度在 59.8％～90％，其中参与问卷调查的农户满意度最低的是补贴发放时间。

（一）实施方案和细则的制定及公布环节

评估结果：大豆目标价格改革试点实施方案明确了对关键环节的规定，指导性较强，但是方案宣传力度需要加强。

针对 2014 年大豆目标价格改革试点工作存在的问题和不足，2015 年黑龙江省在认真总结上年经验的基础上，进一步修改完善了《大豆目标价格改革试点实施方案》，在补贴对象、补贴范围、面积核实、补贴发放时限及补贴资金监管等方面进一步做出明确规定，并经国务院同意，国家发改委和财政部批复，于 2015 年 12 月印发了《黑龙江省人民政府关于印发黑龙江省大豆目标价格改革试点工作实施方案的通知》（黑政发〔2015〕34 号）。

从对黑龙江豆农问卷调查的统计结果看，有效样本 244 户（占样本总数的 99.2％），其中 51.2％知道实施方案，48.8％不知道。

（二）种植面积核查环节

评估结果：大豆种植面积核查工作较 2014 年大幅改进。

黑龙江省政府以明传电报印发了《关于做好 2015 年大豆种植面积调查核实工作的通知》（黑政办明传〔2015〕16 号），要求省内各地加强组织领导，强化落实合法性原则，严防虚报、漏报面积，确保调查核实面积真实准确。2015 年 6 月，黑龙江省统计局召开了 2015 年农作物播种面积调查工作部署会议，在进一步总结 2014 年大豆播种面积调查工作经验的基础上，确定了大豆种植面积调查统计的五个原则：一是政府主导原则；二是一致原则，即播种面积统计指标解释一致，播种面积统计范围一致，播种面积统计调查内容一致，公示内容一致，公示汇总数据同统计口径上报播种面积一致；三是全面原则，即播种面积统计调查做到不重不漏，承包户与实际经营人调查做到不重不漏，种植户实际种植情况做到不重不漏；四是公开原则，即播种面积申报公开，面积核实情况面向本经济组织成员公示，面积公示确认后，相关数据调查材料、佐证资料对相关部门公开；五是法定原则，即面积调查经调查、公示、上报、审核、核查确定后数据具有法定性，调查户对签字确认的数据承担相应法律责任，各级政府对上报的数据承担相应的法律责任。黑龙江省统计局制定了《大豆种植面积调查操作规范》，对大豆面积统计、面积公示、市县审核及数据存档、上报提出了具体要求，明确了大豆种植面积认定标准，将五种特殊情况的大豆种植视为非法耕地上种植，不予认定面积，对大豆种植面积调查工作提出了注意事项。

据统计，2015 年黑龙江省大豆种植面积为 3 532.4 万亩，比 2014 年减少 1 186.6 万亩。据黑龙江省统计局总结，面积减少主要有三个原因：一是原玉米主产区在 2014 年由于气候原因改种大豆的面积 2015 年恢复了玉米种植；二是黑龙江流域受水灾影响在 2014 年不得已改种大豆的地区，2015 年恢复种植水稻和玉米等其他农作物；三是 2015 年对合法耕地提出了严格标准，减少了不合法耕地种植大豆的上报面积。

从对黑龙江豆农问卷调查的统计结果看，在 245 户有效样本（占样本总数的 99.6%）中，99.6%表示相关部门或村里到家进行过种植面积统计；在 232 户有效样本（占样本总数的 94.3%）中，100%选择补贴的种植面积进行过公示；在 242 户有效样本（占样本总数的 98.4%）中，89.3%对种植面积核查结果满意。

（三）市场价格采集环节

评估结果：2015 年市场价格采集方法有所改进，但是采集价格仍高于农民售粮价，部分农民觉得补贴不到位。

根据大豆目标价格改革试点工作总体安排，黑龙江省物价监督管理局按照国家发改委《东北和内蒙古大豆市场价格监测实施方案》相关规定，在黑龙江省大豆主产区设立定点单位，对大豆市场价格进行监测。全省大豆监测点共计 53 个，涉及 17 个大豆主产县（市）区和 3 个农垦分局。大豆市场价格监测期为 2015 年 10 月 1 日—2016 年 3 月 31 日，监测频率为每周两次，监测期内共采集上报监测数据 50 期。针对 2014—2015 年度监测期内部分监测点收购量小的问题，2015—2016 年度，黑龙江省物价监督管理局采取了定点与不定点采价相结合的方法，当监测日设定的监测点无实际收购而当地其他企业有实际收购时，采集报送其他企业平均收购价格，以提高大豆监测数据的连续性。

据黑龙江省大豆协会反映，受交通、运距等因素影响，农民多数大豆出售给粮贩变现，上述方法采集的市场价与农民实际销售价有差距，差额可到 0.40 元/千克（400 元/吨）。

从对黑龙江豆农问卷调查的统计结果看，在 243 户有效样本（占样本总数的 98.8%）中，74.5%对市场价格监测的时间（2015 年 10 月—2016 年 3 月）满意；在 180 户有效样本中，认为监测对象设置合理的占 85.6%。

(四) 市场销售引导环节

评估结果：大豆市场销售需要加强引导。

2015 年新豆上市后，农民吸取上年开秤后豆价迅速下跌的经验，惜售情绪减弱，但是企业受成本和库存制约，短期内无法吸纳大豆集中供给量，形成供大于求的局面，省内大豆价格开秤以来持续下滑，导致部分农民再度持豆观望。据黑龙江省大豆协会估计，2015 年 12 月，农户手中待售大豆约占总产量的 30%；截至 2016 年 4 月 15 日，黑龙江大豆企业加工本地大豆同比减幅 26%，开工率不足一成。从对黑龙江八家企业问卷调查的统计结果看，六家在采价期（2015 年 10 月—2016 年 3 月）大豆收购数量减少或持平。

(五) 补贴资金拨付和兑付环节

评估结果：补贴资金拨付时间需要提前。

2016 年 7 月 5 日，中央财政拨付黑龙江省大豆目标价格补贴资金。随后，经黑龙江省政府批准，省物价监督管理局、省财政厅、省统计局联合下发了《关于做好 2015 年度大豆目标价格补贴资金发放工作的通知》(以下简称《通知》)，黑龙江省 2015 年度大豆目标价格补贴资金发放工作正式启动。《通知》指出，2015 年度黑龙江省大豆目标价格补贴标准为每亩 130.87 元，并强调此标准既是省对市（地）、县（市、区）、单位拨付大豆目标价格补贴资金的标准，也是市县向大豆合法实际种植面积的实际种植者兑付补贴资金的标准，任何地方和单位都不得降低补贴标准。《通知》要求，各市县在接到省级财政拨付的补贴资金后 15 日内，根据同级统计部门提供的补贴对象，大豆合法实际种植面积和全省统一补贴标准计算补贴额，通过粮食补贴“一折（卡）通”将补贴资金足额兑付给补贴对象。《通知》强调，大豆目标价格补贴发放工作是大豆目标价格改革试点工作的关键一环。各市县要严格按照大豆合法实际种植面积发放补贴，任何地方和单位都不得擅自变更补贴标准，也不得变相降低补贴标准，禁止集体代领“一折通”“一卡通”或补贴资金，禁止用补贴资金抵扣相关费用，确保把补贴资金及时足额发放到农民手中。各市县要设立监督电话，及时了解和处理群众反映的问题，对于弄虚作假、挤占、截留、挪用和套取补贴资金的单位和个人将严肃问责，并按有关规定严肃处理。7 月 13 日，省财政厅依据补贴标准，以及统计局提供的补贴面积数据，将补贴资金下拨到县市。按照补贴公示不少于 7 天的要求，黑龙江省各地在完成补贴公示后陆续开始发放补贴资金。截至 8 月 14 日，全省补贴兑付率达 99.4%，基本完成了 2015 年度大豆目标价格补贴资金发放工作。

从对黑龙江豆农问卷调查的统计结果看，有效样本 239 户（占样本总数的 97.2%）中，59.8%对补贴发放时间满意；有效样本 239 户（占样本总数的 97.2%）中，90%对补贴发放方式满意；有效样本 242 户（占样本总数的 98.4%）中，72.3%对补贴发放金额满意。

（六）政策宣传和培训环节

评估结果：黑龙江省有关部门做了大量的宣传和培训工作，农民对大豆目标价格政策的了解程度提高，今后宣传和培训工作还要加强，继续深化农民对政策细节问题的理解。

省物价监督管理局及时印发了《宣传提纲》，准确解读改革政策，并在省内主要媒体开展宣传。各市县采取报纸、广播、电视、明白卡、宣传手册等多种方式，深入开展宣传活动，让农民尽快了解大豆目标价格改革相关政策，为改革试点工作顺利推进营造良好氛围。在国家确定大豆目标价格水平后，省物价监督管理局及时公布，让农民尽早了解政策信息，合理安排农业生产，在本省补贴方案确定后，通过媒体第一时间向社会公布补贴标准，并要求各地密切关注舆情动态，及时回应农民和社会关切。2015 年 9 月，国家发展改革委价格监测中心在黑龙江召开东北三省和内蒙古大豆市场价格监测工作培训会议，黑龙江省承担监测任务的市、县价格监测机构负责人和监测定点单位具体采价人员参加了会议。培训会上，部分与会代表结合上年工作实际做了典型发言，介绍了好的做法和经验；就如何做好新一年度大豆市场价格监测工作，与会代表展开了深入交流。国家价格监测中心业务人员讲解了大豆价格监测实施方案，重点对大豆市场价格采集工作中应注意的事项进行了强调；技术人员详细讲解了大豆市场价格监测系统操作方法。参会人员全部上机操作，掌握了操作要领。2015 年 11 月，省物价监督管理局专门召开了大豆市场价格监测培训会，对前一阶段工作进行总结，并针对工作中存在的问题进行了探讨和交流，就做好后期大豆市场价格监测工作进行了部署。

从对黑龙江豆农问卷调查的统计结果看，有效样本 243 户（占样本总数的 98.8%）中，82.7%对政府部门的政策宣传满意；在全部 246 户有效样本中，82.7%知道 2015 年大豆目标价格；有效样本 239 户（占样本总数的 99.2%）中，89.5%知道 2015 年每亩大豆的目标价格补贴标准。

二、大豆市场运行状况评估

（一）国内外大豆现货市场运行情况

2015 年国内大豆市场供给仍然以进口为主。2015 年度我国大豆产量 1 237 万吨，较上年减少 32 万吨；国产大豆消费量 1 035 万吨，其中传统豆制品 600 万吨，种用 65 万吨，出口 12 万吨，制油 320 万吨比上年少 80 万吨，减幅 20%；加工大豆蛋白用量 150 万吨，与上年持平。2015 年我国进口大豆 8 169 万吨，比上年 7 140 万吨高 1 029 万吨，增幅 14.4%；榨油量 7 892 万吨，比上年增幅 11.25%。

2015 年我国大豆主产区豆价在进口大豆低价压力和国产大豆阶段性供需失衡的共同影响下总体呈下跌走势。据国家粮油信息中心数据，哈尔滨、齐齐哈尔、绥化、北安、佳木斯等地国标三等大豆产地收购价从年初 1 月份的 3.86 元/千克下跌到 12 月 18 日的 3.36 元/千克。全年最高价 3.86 元/千克，最低价 3.36 元/千克，均价 3.557 元/千克。

2015 年 1 月至 4 月中旬，因临储政策取消，企业受下游市场需求和库存规模限制，无法消化集中上市的 2014 年产大豆，市场余粮较多，大豆价格持续下跌，国产大豆购销相对清淡。春节后大豆价格持续弱势，随着春播时节渐近，种植户还贷压力不断增加，抛货意愿增强，3 月末国内市场整体呈现量增价降态势，大豆价格持续弱势。

2015 年 4 月中旬至 7 月中旬，随着市场需求增加，贸易主体备货补充库存，大豆价格触底反弹后胶着前行。4—5 月，东北主产区农户忙于农业生产，市场收购难度增加，国产大豆价格 4 月中旬起触底小幅反弹。进入夏季，粮油消费需求不旺，国产大豆下游需求疲软，同时进口大豆分销价格不断下跌，6 月末进口大豆分销价格跌破 3 000 元/吨，进一步挤压国产大豆价格上涨空间。

2015 年 7 月下旬至 9 月末，我国严查进口大豆流向，同时国产大豆存量渐少，优质大豆市场价格上涨。国产大豆需求有所增加，价格上涨幅度较前几月加大，大豆优质优价行情明显。但是国内大豆市场下游需求整体仍处于弱势，市场总体成交较为清淡。

2015 年 10 月至 12 月，国产新季大豆相继上市，大豆市场供应不断增加，国内食品豆市场需求相对稳定，国产大豆市场供大于求问题凸显，国产大豆价格承压下行。

政策变化对国产大豆期现货价格的影响显著，临时收储政策转为目标价格补贴政策后，大豆价格整体在 3 300～3 900 元/吨区间运行，低于 2014 年同期 3 850～4 000 元/吨的价格区间。

2015 年我国进口大豆依然保持明显的价格优势，进口大豆到港成本在 3 000～3 500 元/吨，国产大豆仍然受到进口豆的价格压力。我国进口大豆到港价格受外盘的影响较大，基本紧随外盘期货价格走势。2015 年因国际大豆市场供过于求和大宗商品价格下降，国际市场大豆价格总体呈现下降走势（附图 1-1）。CBOT 美豆指数从年初的 1 050 美分震荡，最低跌至 850 美分附近，跌幅达 19%，创下六年新低。上半年由于南美大豆主产国巴西、阿根廷产量均创出历史新高，在强大的供应压力下，期价一路走低。在 6—

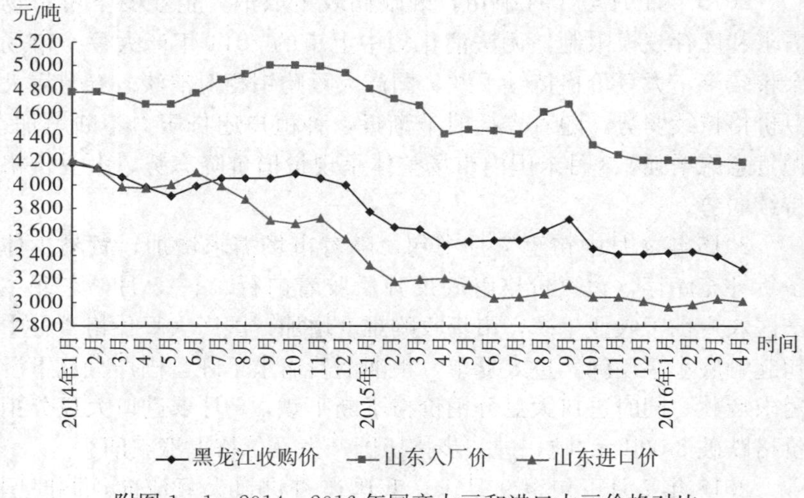

附图 1-1　2014—2016 年国产大豆和进口大豆价格对比

数据来源：国家粮油信息中心。

7 月的美豆生长关键期，由于美豆部分主产区出现干旱和洪涝灾害，期价走出了一波强劲的反弹，但美国农业部月度供需报告持续发布创历史新高的美豆单产，期价止涨回落，并在收割季的季节性抛售中跌至 850 美分/蒲式耳的年内低点，随后在 850～930 美分/蒲式耳价格区间波动。在我国临储政策取消后，国内大豆市场价格走势跟随国际豆价走势的倾向更加明显。

（二）黑龙江省大豆销售进度情况

2015 年新豆上市后，黑龙江省大豆销售进度慢，价格总体呈下行走势。2015 年产黑龙江各地大豆开秤价分布在 3.9～4.0 元/千克，较 2014 年开秤价平均下降了约 11%。10 月初，新豆陆续上市，黑龙江大豆市场供给大于需求，大豆价格迅速下降。10 月中旬，豆价降至 3.78 元/千克，较去年同期低约 17%，此后省内大豆价格继续走弱，直至 11 月中下旬，南方销区豆价触底反弹带动黑龙江产区豆价低位企稳，此时黑龙江村屯大豆收购均价已跌至3.56元/千克。豆价低迷的行情延续到12月，大范围降雪天气增加了大豆市场收购和运输难度，同时农户惜售挺价，大豆价格整体弱势趋稳，市场贸易成交清淡，收购价微弱反弹至3.60元/千克。

据国家粮食局统计，截至11月15日，黑龙江等五个主产区各类粮食企业累计收购新产大豆28万吨，同比减少13万吨，同比下降31.7%；截至11月25日，收购量增至31万吨，同比减少27万吨，同比下降46.6%。据黑龙江省粮食局统计，截至2016年3月25日，黑龙江省大豆商品粮累计收购量为85.05万吨，同比下降55.06%，收购进度慢于去年同期。

三、豆农基本收益评估

(一) 2015年大豆、玉米比较效益情况

2015年因大豆市场价格下降，黑龙江省大豆种植收益低于2014年。农户调查数据显示，2015年黑龙江省大豆种植总成本617.55元，较上年减少19.69元，减幅3.09%，主要原因是亩均用工数量减少带动的人工成本下降。2015年黑龙江省大豆种植总成本低于玉米28.70%，并且玉米价格同样走低，但是因两种作物单产水平的巨大差距，种植大豆的亩均收益仍然低于玉米。据农户调查数据，2015年种植大豆不计补贴每亩亏损71.55元，种植玉米每亩收益47.32元（附表1-1）。

附表1-1 2014—2015年黑龙江省大豆、玉米种植成本收益对比

单位：元/亩

项目	大豆		玉米	
	2014年	2015年	2014年	2015年
总成本	637.24	617.55	840.47	866.10
生产成本	337.24	297.55	524.77	516.10
物质与服务费用	235.18	234.50	375.73	384.00

（续）

项目	大豆		玉米	
	2014 年	2015 年	2014 年	2015 年
种子费	29.60	26.00	42.42	48.00
化肥费	66.00	60.00	125.85	126.00
农药费	13.58	12.50	13.28	15.00
机械作业费	103.00	116.00	157.00	160.00
人工成本	102.06	63.05	149.04	132.10
土地成本	300.00	320.00	315.70	350.00
主产品产值	694.14	546.00	1 115.51	913.42
种植收益	56.90	−71.55	275.04	47.32

（二）补贴资金兑付情况

7 月 5 日，黑龙江省收到财政部 2015 年度大豆目标价格补贴资金 462 244 万元。7 月 13 日，省财政厅依据省政府确定的每亩 130.87 元的补贴标准，以及统计局提供的补贴面积数据，将补贴资金下拨到县市。按照补贴公示不少于七天的要求，黑龙江省各地在完成补贴公示后陆续开始发放补贴资金。截至 8 月 14 日，全省补贴兑付率达 99.4%，基本完成了 2015 年度大豆目标价格补贴资金发放工作。

（三）兑付目标价格补贴后豆农收益情况

依据农户调查数据计算，2015 年黑龙江大豆种植收益为−71.55 元/亩（附表 1-2）。2015 年目标价格补贴标准较 2014 年的 60.50 元/亩，提高了 70.37 元/亩，对提高农民收益起到主要支撑作用。将三项补贴 69 元/亩和目标价格补贴 130.87 元/亩计入收益后，种植大豆亩均净收益为 128.32 元，超过了种植玉米每亩 116.32 元的收益。但是实际上，农民计算收益时习惯不计自家投入的人工成本，如刨除人工成本种植玉米亩均净收益仍然高于大豆 57.05 元。

附表 1-2　2015 年黑龙江省大豆、玉米种植成本与净收益对比

单位：元/亩

项目	大豆	玉米	玉米高于大豆
总成本	617.55	866.10	248.55
生产成本	297.55	516.10	218.55
物质与服务费用	234.50	384.00	149.50
种子费	26.00	48.00	22.00
化肥费	60.00	126.00	66.00
农药费	12.50	15.00	2.50
机械作业费	116.00	160.00	44.00
人工成本	63.05	132.10	69.05
土地成本	320.00	350.00	30.00
主产品产值	546.00	913.42	367.42
种植收益	−71.55	47.32	118.87
三项补贴	69.00	69.00	
目标价格补贴	130.87	—	
净收益	128.32	116.32	−12.00

四、大豆产业竞争力评估

(一) 2016 年豆农种植积极性有所提高

2015 年末至 2016 年初，农业部陆续发布《关于“镰刀弯”地区玉米结构调整的指导意见》《关于促进大豆生产发展的指导意见》《全国种植业结构调整规划（2016—2020 年）》，总趋势是调减非优势区域籽粒玉米种植面积，增加大豆、饲草、杂粮杂豆、春小麦、经济林果和生态功能型植物等种植面积。在一系列种植业结构调整政策引导下，2016 年黑龙江省调减玉米种植面积近 2 000 万亩，农民种植大豆意愿有所提升，预计大豆种植面积增加 600 多万亩。

从黑龙江豆农问卷调查的统计结果看，有效样本 224 户（占样

本总数的91.1%）中，81.3%表示目标价格补贴政策提高了种植大豆的积极性；如果2016年还种大豆，与2015年种植面积相比，75.1%表示种植面积会增加，种植大豆最主要原因依次是轮作需要、种植习惯和种植大豆收入有保障。

（二）贸易商及流通企业国产大豆购销情况

2015年我国用于食品工业的大豆量约为1 150万吨，比2014年增加约4%。其中用于传统豆制品加工的大豆约占50%，约为600万吨；用于其他食品加工的约占20%，直接食用约占30%。2015年黑龙江省加工大豆129万吨，比2014年减少21万吨，减幅为14%。2015年黑龙江省实际销售大豆240万吨，比2014年减少30万吨，减幅为11%。

（三）加工企业生产经营情况

据黑龙江省大豆协会报告，2015年黑龙江省规模以上大豆加工企业有108户，其中浸出制油加工企业63户，中小型物理压榨企业12户，传统豆制品及豆粉加工企业33户，产能利用率8.9%。2015年全省规模以上大豆加工业主营业务收入同比下降15.86%。

参与问卷调查的八家企业中，六家认为目标价格政策对企业的发展有利，四家对目标价格政策基本满意，四家认为目标价格政策尚需改进。

五、政策建议

2015年大豆目标价格改革试点在总结试点首年经验的基础上有所改进，大豆价格形成机制有所完善，目标价格公布时间提前，亩均种植收益较2014年有所增加；同时，由于目标价格水平低、补贴资金到位较晚，限制了政策施行效果。建议提高目标价格水平，进一步完善政策设计、实施方案和条件保障，确保补贴精准到户，加快探索完善中国特色谷物目标价格制度。

（一）提高大豆目标价格水平

黑河市是黑龙江省大豆主产区，大豆种植面积占全省大豆面积的30%以上，产量占全省总产的20%以上。据黑河市2015年成本调查，大豆亩生产成本为637.43元，亩产量为124.09千克，每千克大豆生产成本为5.14元，比目标价格每千克4.8元高0.34元。从对黑龙江豆农问卷调查的统计结果看，有效样本244户（占样本总数的99.2%）中，60.6%对大豆目标价格满意；建议及时提高大豆目标价格，巩固政策对大豆生产的激励作用。

（二）完善市场价格监测机制

按照规定，测算大豆目标价格补贴标准所用的大豆市场价格为全省大豆平均收购价格，该价格由国家监测，采价期为当年的10月至次年3月，采集对象主要是采集期内全省各地粮食收储、加工企业和常年固定收购点的贸易商收购的国标三等大豆平均价格。

据主产区黑河市反映，大豆目标价格政策实施以来，因国家临储政策取消，以及加工企业利润空间变小和进口大豆的低价格冲击，大豆生产主体在采价期内实际销售到定点监测企业的大豆量很少，80%以上的大豆在上年10月至次年5月期间以相对较低的价格销售给了流动商贩。因此，目前的市场价格监测方法采集的大豆市场监测价格相对主产区农民销售大豆价格偏高。

建议根据省内大豆产区种植面积和产量，合理分布监测点，将价格监测工作精细化、精准化，以市场销售价格和实际交易量作为权重，科学测算大豆市场价格和补贴标准。

（三）政策施行时间节点提前

2015年大豆目标价格补贴标准公布时间提前到了4月28日，但是此时，农民的种子、化肥等大部分农业生产资料已准备就绪，种植意向也已明确。实施大豆目标价格改革试点目的是为了发挥市场机制作用，引导农民合理调整种植结构，但由于政策公布时间相对备春耕较晚，大豆目标价格改革的作用没有得到充分发挥。根据主产区意见，建议将补贴标准公布时间调整为上一年的 12 月底前，将补贴资金发放时间调整到次年 3 月底，以利于农民提早安排种植计划，筹措春耕生产资金、物资，调整种植结构。

（四）保障基层试点工作经费

大豆目标价格改革试点面积核实等关键环节要实现精准操作，需要基层部门大量的人力物力。“上面千条线、下面一根针”，乡镇工作人员下乡需要补助、交通费，政策正式实施需明确相关工作经费来源。改革探路是需要成本的，农业大县一般财政收入水平较低，这部分成本不应全部由地方承担，建议中央财政从完善农产品价格形成机制角度给予适当补贴，确保大豆目标价格政策顺利实施。

（五）综合配套扶持国产大豆产业

国家出台了《关于“镰刀弯”地区玉米结构调整的指导意见》等种植结构调整政策，东北主产区大豆面积增加是未来发展趋势。提高国产大豆竞争力，实现种得好、卖得好，需要从品种培育、技术推广、产后加工、品牌营销的全产业链各环节着手出台配套措施。建议加大国产大豆种质资源保护和品种开发支持力度，加快培育推广具有自主知识产权的高产优质大豆品种，在大豆主产区建立优质大豆生产保护基地；抓住“互联网＋农业”发展机会，提升国产大豆加工企业品牌营销能力；培育豆制品和蛋白深加工市场，探索国产大豆相对于进口大豆的差异化发展道路；从税收优惠、加工补贴等方面出台支持加工企业转型和新建豆制品企业扶持政策，以企业为主体带动大豆的种植和消费。

附录二　2015 年内蒙古自治区大豆目标价格改革试点评估报告

2015 年内蒙古大豆目标价格补贴工作在总结 2014 年度大豆目标价格改革试点工作经验基础上，由自治区发展改革委员会牵头，多次召开相关部门参加的联席会议，进一步细化实施方案，明确各部门职责，确保关键措施落实到位。目前，补贴资金正在发放，各项工作有序推进。

一、大豆生产和市场价格情况

2015 年国家统计局认定内蒙古大豆种植面积为 1 219.28 万亩，总产量 126 750 万千克，产量比 2014 年增加 10.2%。2016 年国家统计局发布数据显示，内蒙古大豆播种面积为 1 385.1 万亩，比 2015 年增加 165.82 万亩。

大豆取消临时收储价格政策实行目标价格管理后，内蒙古大豆市场价格开始持续大幅下降。今年上半年大豆收购价格降至实施目标价格管理政策以来的最低水平。3 月底，东四盟市混等大豆平均收购价格为每吨 3 603 元，同比下降 8.55%。进入二季度，大豆收购进入尾期，农民手中留有的大豆数量较少，进口大豆价格上涨，内蒙古大豆收购价格也随之小幅提升。6 月，内蒙古大豆平均收购价格达到每吨 3 967 元，7 月，继续小幅上涨至 4 040 元。2016 年 10 月，新豆上市后，大豆价格持续低位，受旱灾、后期降雨和收获前冻灾影响，大豆发霉变质现象较严重，三等以上过筛大豆价格每千克在 3.40～3.80 元，质量一般的大豆 3.0～3.2 元，质量较差的大豆 2.2～2.6 元/千克。

二、成本收益情况

（一）成本

尽管物质与服务费中各项农资价格普遍回落，但是受劳动力成本上升影响，内蒙古大豆的总成本仍然呈上涨趋势，自治区价格成本调查监审局预测 2016 年度内蒙古大豆每亩总成本为 474.33 元，同比上涨 0.3%。其中种子费用每亩 32 元，同比下降 13.9%；化肥费用每亩 45 元，同比下降 3.3%；农药费用每亩 21 元，同比下降 4.6%；租赁作业费每亩 98.2 元，同比上涨 4.5%；人工成本每亩 65.06 元，同比上涨 9.7%；土地费用每亩 195 元（流转地租金 43 元，自营地折租 152 元），同比上涨 0.8%。

（二）收益

农情统计，2016 年内蒙古大豆的平均亩产量为 130.5 千克，同比增长 31.4%。按照平均销售价格 3.0 元每千克初步测算，今年大豆每亩收入为 391.5 元，减去直接成本 200 元，每亩净利润为 191.5 元（即不考虑农民家庭人工成本和自有土地成本）。

三、大豆目标价格改革试点进展情况

2014 年内蒙古按照国家改革试点方案要求制定了自治区大豆目标价格改革试点工作实施方案，并按照实施方案完成 2014 年度、2015 年度大豆种植成本调查和大豆市场价格监测工作，为国家制定大豆目标价格和补贴标准提供基础数据；完成大豆种植面积入户调查和种植户花名册统计编制工作，为全区补贴标准计算和补贴款发放提供依据。2015 年 3 月，国家拨付 2014 年度大豆目标价格补贴款共 5.002 亿元，内蒙古按照每亩 36.56 元的补贴标准向试点四盟市 212 031 户发放了补贴款，户均补贴 2 359 元，保障了大豆种植户的基本收益。2015 年 3 月、7 月，财政部分两次向内蒙古下达 2015 年度大豆目标价格补贴款共计 9.688 1 亿元，按照自治区统计局入户调查面积1 134.19万亩计算，内蒙古补贴标准为每亩85.42元，自治区政府已于8月批准大豆补贴款发放方案，补贴款发放工作从9月开始。

四、大豆目标价格改革补贴试点问卷调查情况

根据2015年大豆目标价格改革试点评估报告提纲，结合内蒙古实际，对问卷内容进行了适当删减，整理出13个关键问题和农户政策满意度调查表。

2016年问卷调查工作涉及2个盟市6个旗县（局）14个乡镇6个农场124户豆农和6家流通企业、5家加工企业，收回有效问卷135份。其中，农户问卷中认为：

（1）目标价格与临时收储政策相比较好的占89.5%，非常好的占5.4%，一般的占5.1%；

（2）支持目标价格的100%；

（3）知道目标价格补贴政策的100%；

（4）确定按实际种植面积补贴的100%；

（5）确定相关部门或村里到家进行过种植面积统计的100%；

（6）公示面积后没有调整面积的100%；

（7）已经知道补贴标准的100%；

（8）听说过《大豆目标价格改革试点工作实施方案（细则）》的占27.1%；

（9）认为目标价格补贴政策调动大豆种植积极性的100%；

（10）价格监测应该全部来自农户销售价格的100%；

（11）建议目标价格标准确定为每千克5.00元、5.20元；

（12）对目标价格补贴政策满意的农户占89.5%，基本满意的农户10.5%；

（13）对每吨4 800元的价格水平满意的农户94.8%，基本满意的农户3.4%；一般满意的16.9%；

（14）对补贴种植面积核查满意的农户84.2%，基本满意的农户15.8%；

（15）对 10 月到来年 3 月监测时间满意的农户 100%；

（16）对政府部门的宣传培训满意的 86.8%，基本满意的 13.2%；

（17）补贴资金的发放时间满意的 76.3%，基本满意的 21.1%，不满意的 2.6%；

（18）以一卡通的形式发放补贴的满意的 100%。

五、大豆目标价格政策存在的问题和建议

（一）存在问题

从试点工作实际情况看，目前大豆目标价格政策操作中存在三个主要问题：

一是补贴资金确定与发放办法不衔接。国家大豆目标价格补贴资金的确定，是按照国家统计局调查认定试点省区的种植面积、总产量和监测期市场交易价格与目标价格的差价来计算的。给种植户发放补贴是按入户调查的实际种植面积。国家统计局认定的种植面积是通过抽样调查得出的，而试点省区实际种植面积是直接深入到每家每户调查统计出来的。在理论上和具体实践上两者都存在差异。从内蒙古情况看，2014 年度自治区统计局实际入户调查统计种植面积比国家统计局认定种植面积多 90.4%，2015 年度自治区统计局实际入户调查统计种植面积比国家统计局认定种植面积多 52.6%。说明国家调查认定种植面积存在方法不科学、疏漏较大的问题，与补贴政策缺乏较好的衔接。上述问题直接导致补贴标准摊薄。2014 年度内蒙古大豆目标价格补贴标准为每亩 36.56 元，比邻省黑龙江每亩 60.50 元低 23.94 元；2015 年度内蒙古补贴标准为每亩 85.42 元，比黑龙江的 130.87 元低 45.45 元。近日，自治区成本调查监审局在调查大豆种植户种植成本时，农民反映对大豆目标价格政策最不满意的一点仍然是内蒙古补贴标准低于邻省黑龙江。

二是基层统计部门工作量大，政策执行成本高。大豆目标价格补贴款发放的关键是建立真实可靠的大豆种植户花名册。基层统计

部门要组织统计力量，逐村、逐户调查统计大豆播种面积并核实上报，工作量大、行政成本高，且难免有疏漏。高额的行政成本与产生的实际效果不成正比。

三是目标价格政策对提高农民种植意愿作用有限。大豆目标价格补贴对保障大豆种植户基本收益有积极作用，但对提高农民种植意愿作用有限。从 2014 年度、2015 年度收益来看，由于大豆市场收购价格低，收购主体收购意愿不强，内蒙古种植大豆的亩均收入仍远远低于种植玉米收入，农民种植大豆的积极性普遍不高。

（二）建议

一是改进大豆种植面积统计制度。如果继续试点大豆目标价格改革工作，建议国家统计局采取卫星遥感、GPS 定位等先进测量方法对我区试点地区大豆种植面积进行精确测量。同时建议国家相关部门开展新一轮耕地普查，准确掌握各地耕地面积，为农产品目标价格改革推广到更多领域做好基础性工作。

二是继续完善大豆目标价格补贴政策。为扶持国产大豆生产，发挥政策导向作用，实施精准补贴，将国家补贴发放给真正的主产区，即由国家划定并公布大豆主产区（大豆播种面积占耕地面积的50％以上），划定到县和乡镇，国家对主产区实行定额补贴，在专款专用原则下，具体补贴资金的发放由当地政府决定。

三是为有利于简化补贴办法，降低操作成本，建议大豆与玉米“市场化收购加补贴”的政策相衔接。

附录三　2015 年吉林省大豆目标价格改革试点评估报告

2014 年以来，国家在东北及内蒙古四省区开展了大豆目标价格改革试点。吉林省委、省政府高度重视，吉林省物价局会同财政、统计、粮食、农业、国家统计局调查总队等相关部门分工协作、密切配合，工作整体平稳有序。

一、基本情况

（一）生产情况

2015 年吉林省大豆种植面积为 272.9 万亩，比 2014 年（364.2 万亩）减少 91.3 万亩，减幅为 25.1%。根据省统计局调查统计数据，2016 年吉林省种植面积为 281.3 万亩，同比增加 8.6 万亩，增幅为 3.1%。

（二）价格情况

2015 年吉林省大豆市场平均收购价格为每吨 3 840 元，比 2014 年（4 320 元）下降 480 元，降幅为 11.1%。2015 年 10 月 1 日，吉林省按要求启动大豆市场价格监测后，数据显示，10 月份国标三等平均收购价格为每吨 3 664 元，比目标价格低 1 136 元。

（三）补贴情况

2014 年度吉林省大豆目标价格补贴总额为 1.81 亿元，补贴标准为每亩 54.05 元；2015 年度补贴总额为 2.84 亿元，补贴标准为每亩 139.72 元，由省财政厅拨付各地后，于 8 月末各地完成补贴的兑付工作。

二、补贴落实情况

（一）积极组织对补贴实施方案的修订

2014 年吉林省编制了改革试点工作实施方案和实施细则，2015 年按照国家要求，吉林省物价局会同相关部门在总结工作经验的基础上，对吉林省大豆目标价格改革试点工作实施方案进行了补充和修订。与之前方案相比，修订后的方案合理补充了部分内容，弥补了实际执行中界限不清等问题，进一步明确了责任分工，细化、实化了工作程序和监管责任。同时，建立了会商协调机制，制定了改革试点保障措施，强调了政策宣传。

（二）加强市场价格监测和成本调查

大豆市场价格和成本收益情况是确定补贴标准和目标价格的重要依据。对此，吉林省积极开展调查研究，落实相关数据的采集、审核、汇总、分析和上报工作，采取多项措施，确保相关数据及时、真实、准确。一是为 29 个市场价格监测点发放了电脑等必要设备，开展人员操作培训，按时完成了大豆市场价格监测任务，为国家核定吉林省补贴标准提供了依据。二是继续增加 36 户成本调查户，使总数达到 180 户，较 2014 年增加近一倍，保证了成本调查数据的代表性和准确性。同时深入进行成本变化分析和预测，为国家合理制定大豆目标价格水平提供了数据支撑。

（三）广泛开展目标价格政策宣传解释

一是发布《大豆目标价格改革宣传通稿》和《大豆目标价格改革政策解读》等宣传稿，并通过电视台、广播电台、报纸等多种新闻媒体刊登和播出。二是编制了《吉林省大豆目标价格改革政策宣传手册》，指导各地全面深入开展宣传工作。三是发出了《告广大农民的一封信》，就农民普遍关心的问题，采用一问一答的形式、通俗易懂的语言向农民解释国家政策。四是运用专业网站、电话热线、专家解读等方式，与农民进行在线互动，及时解答农民疑问。这些政策宣传解释工作的广泛开展，使吉林省市场交易双方特别是广大农民充分认识和了解了国家这一重大改革举措，避免了误解和矛盾，为改革试点顺利推进营造了良好氛围。

（四）积极协调解决相关问题

为切实保障改革的顺利实施，各部门及各地加强协调配合，解决遇到的问题。一是多次全面调度各地各部门落实情况，关注全省大豆市场价格和购销情况，了解基层工作中的实际困难和问题；二是组成调研组，多次赴大豆产区进行调研，实地走访豆农，面对面听取农民对改革的看法以及大豆种植收益和价格预期等；三是加强省级部门间的会商，协调处理问题；四是成立信息专报小组，定时沟通相关部门工作进展，及时向国家和省政府汇报情况。

（五）不断进行总结评估

大豆目标价格改革试点是为农产品价格改革探索方法和途径。为此，在工作中着重加强了改革试点经验、问题的搜集和整理，深入研究、分析改革试点取得的效果和存在的问题，多次向国家和省政府及相关部门提出合理化建议，全年累计提交评估报告、总结建议等稿件 40 余篇，为完善农产品价格形成机制积累了经验。

三、实施效果

整体看，大豆目标价格政策充分发挥了积极的有益于大豆产业上下游协调发展的良好效果。主要表现在：

一是降低了市场价格波动给农民带来的收益风险。2015 年大豆目标价格为 4 800 元/吨，市场平均价格为 3 841 元/吨，吉林省豆农可以得到约 1 000 元/吨的补贴，保障了基本利益。

二是市场形成价格机制得以确立。大豆目标价格政策使大豆市场价格完全由供求等因素决定，改变了之前临储政策“价补合一”对下游市场的价格扭曲，充分体现了市场在资源配置中的作用。2013 年大豆临时收储价格为 4 600 元/吨，2014 年实施大豆目标价格后，吉林省市场平均价格为 4 320 元/吨，2015 年为 3 841 元/吨，实现了国内大豆价格市场化，和进口大豆的价差逐步缩小。

三是带动了整体产业的健康协调发展。大豆目标价格政策实施后，大豆加工企业不再需要与临时收储价格竞价，可以“随行就市”购买，有利于企业降低成本、提高效益、增强产品市场竞争力。从长远看，大豆目标价格政策理顺了大豆上下游的产业关系，带动了整体产业的健康协调发展。

四是农民市场意识得到增强。大豆目标价格政策打破了农民原有的思维模式，不再依赖国家政策性收购，主动参与市场竞争，把握销售价格，农民的市场意识和风险意识都得到了增强。

五是减轻了财政负担。实施大豆目标价格政策，政府只需支付市场价格与目标价格的差额部分，不需要再进行大豆收储，减少了仓储费用和损耗，减轻了财政负担。

四、豆农基本收益评估

（一）2015 年大豆、玉米比较效益情况

2016 年 10 月，评估团队在榆树、蛟河、敦化、舒兰共调查大豆、玉米种植户 389 户，获得有效问卷 350 份。

1. 大豆成本收益情况

2015 年大豆平均单产 182.19 千克/亩，每亩总成本为 542.44 元，斤粮成本为 1.49 元，按市场价格 3.96 元/千克计算，每亩主产品产值 721.47 元，每亩净产值 509.23 元，再扣除用工费用 317.34 元，每亩实际纯收益 191.89 元。具体如下：

（1）平均单产 182.19 千克/亩，比上年 180 千克/亩增加 2.19 千克/亩，提高 1.22％。

（2）每亩总成本 542.44 元，比上年 540.2 元增加 2.24 元，提高

0.41%。其中物质费用225.1元，比上年227元减少1.9元，降低0.84%；用工费用317.34元，比上年313.2元增加4.14元，提高1.32%。斤粮成本1.49元，比上年1.50元减少0.01元，降低0.67%。

（3）按价格3.96元/千克计算（上年同期为4.44元/千克），每亩总产值734.33元，扣除物质费用225.1元后，在不考虑用工费用情况下，每亩净产值509.23元，比上年572.2元减少62.97元，降低11.00%。再扣除用工费用317.34元，每亩实际纯收益191.89元，比上年259元减少67.11元，降低25.91%。

（4）若按平均租地费用404.18元/亩计算，租种土地每亩实际纯收益为−212.29元。

2. 玉米成本收益情况

2015年玉米平均单产750.81千克/亩，每亩总成本为863.83元，每千克粮食成本为1.15元，按市场价格1.50元/千克计算，每亩主产品产值1 126.22元，每亩净产值为785.49元，每亩纯收益为281.39元。具体如下：

（1）平均单产750.81千克/亩，比上年736千克/亩增加14.81千克/亩，增加2.0%。

（2）每亩总成本为863.83元，比上年859元增加4.83元，提高0.6%。其中物质费用为359.73元，比上年360.2元减少0.47元，降低0.1%；每亩用工费用为504.1元，比上年498.8元增加5.3元，提高1.1%。斤粮成本为0.575元，比上年0.58元减少0.005元，降低0.86%。

（3）按自然水价格1.50元/千克计算（上年同期为1.80元/千克），每亩总产值1 145.22元，扣除物质投入359.73元后，每亩净产值785.49元，比上年964.6元减少179.11元，降低18.6%。再扣除用工费用504.1元，每亩实际纯收益281.39元，比上年465.8元减少184.41元，降低39.6%。

（4）若按平均租地费用493.35元/亩计算，租种土地每亩实际纯收益为−211.96元。

2015年吉林省玉米、大豆收益都明显下降。从成本来看，玉米、大豆种子与去年基本持平；农药与去年持平；受柴油价格下降影响，机械费用有所降低；人工费用略有增加，各地区间租地费用较大。从收益来看，玉米、大豆收益明显下滑。2015 年吉林省玉米单产略增，但受临储收购价格调减 0.24 元/千克（下调 10.71%）影响，市场价格大幅下滑，每亩纯收益比去年下降 39.6%；大豆单产略增，但价格继续下降，效益下滑 25.91%。

从大豆、玉米比较效益来看，2015 年大豆和玉米每亩实际纯收益比是 1∶1.466，即种植玉米每亩实际纯收益是大豆的 1.466 倍，而 2014 年大豆和玉米每亩实际纯收益比是 1∶1.798，即种植玉米每亩实际纯收益是大豆的 1.1.798 倍，对东部地区适合种植大豆的农户积极性有一定的促进作用，但对中西部适合种植玉米区农户种植大豆的积极性不起作用。

（二）补贴资金兑付情况

2015 年大豆目标价格补贴资金对于原农户对集体有承包合同且种植大豆的农户完全兑现，而对于把土地经营权流转出去的农户的补贴有的补贴给了原农户，有的补给了实际大豆种植者，出现了一些矛盾。而集体土地有承包合同外的大豆实际种植者极少部分得到了补贴资金，绝大部分没有得到。另外，直到 2016 年 10 月初豆农才得到补贴，农民意见很大，认为发放太晚了。

（三）兑付目标价格补贴后豆农收益情况

2015 年大豆目标价格补贴额度比 2015 年有较大幅度提高。由调查结果看，2014 年大豆补贴额度 54 元/亩，加上豆农实际大豆售价，豆农实际售出价格只有 4 300 元/吨，并没有达到 4 800 元/吨的目标价格。2015 年大豆补贴额度 139.72 元/亩，加上豆农实际大豆售价，豆农实际售出价格基本达到 4 800 元/吨的目标价格。豆农每亩实际纯收益由 2014 年的 313 元提高到 2015 年的 351.61 元，提高 12.34%。

五、大豆产业竞争力评估

（一）2016 年豆农种植积极性情况

从此次调查结果看，一是与大豆临时收储政策相比，78%的农户表示目标价格补贴政策提高了其种植大豆的积极性；二是从年度间比较来看，尽管 2014—2015 年国产大豆价格下降，但由于大豆目标价格政策的实施，农民种豆收益并没有减少，反而增加了，每亩种豆实际纯收益由 2014 年的 313 元提高到 2015 年的 351.61 元，促进了农民种植大豆的积极性；三是与其他作物如玉米比，大豆每亩实际纯收益比玉米由 2014 年少 152.8 元/亩，到 2015 年多 70.31 元/亩。未来，农民种豆积极性将更加高涨。另外，国产大豆与进口大豆的价差正逐渐缩小，不仅提高了国产大豆的竞争力，同时也逐步提高了以国产大豆为原料的加工企业和畜禽养殖业产品的竞争力。

（二）加工企业生产经营及贸易商国产大豆购销情况

在调研的 16 家大豆企业中，加工企业有 10 家，贸易企业有 6 家。其中，加工企业年平均加工能力 1.6 万吨，年平均加工量 0.83 万吨，开工率 51.8%。

2015 年加工企业平均收购大豆 0.92 万吨，收购均价 3 900 元/吨，大豆加工量 0.83 万吨，加工成本 200～280 元/吨，产品收益 50～150 元/吨。收购标准一般为水分小于 14%，蛋白质含量大于 38%，去杂质、霉变粒、泥花脸的精选大豆。

贸易商平均大豆贸易量为 1.8 万吨，平均售价 4 130 元/吨，贸易成本 4 032 元/吨，贸易收益 98 元/吨。

六、对大豆目标价格政策的评价

（一）农户对大豆目标价格政策的评价

56%的受访农户对目标价格补贴政策总体满意，对 4 800

元/吨的目标价格水平满意度为81%，69%的农户对目标价格公布时间很不满意，92%的农户对市场价格监测时间满意，72%的农户对目标价格按承包面积补贴不满意，56%的农户对种植面积核查结果公平性满意，71%的农户对政府部门的宣传不满意，98%的农户对目标价格补贴发放时间不满意，83%的农户对目标价格补贴发放金额满意，100%的农户对补贴资金发放的方式（一卡通）满意。

（二）企业对大豆目标价格政策的评价

100%的加工企业和贸易企业均认为目标价格政策比临时收储政策好，75%的企业对目标价格政策总体非常满意，18.75%认为基本满意，另有6.25%认为有待改进。

贸易企业2015年采价期大豆收购数量，6.25%比2014年多，50%和2014年一样，43.75%比2014年少。收购时对大豆的质量要求都和2014年一样。对大豆价格的关注度，62.5%比2014年高，37.5%保持一致。

目标价格政策对企业的发展，100%的企业认为有好处；对大豆产业的发展，56.25%认为有好处，其余的选择不知道。2015年企业国产大豆收购规模，12.5%的企业扩大，75%缩小，12.5%不变。

七、存在的问题和建议

（一）比较收益仍有差距，农民种豆意愿不强

根据2015年初组织的农民种植意愿调研，多数农民表示，即使玉米新政策实施后，玉米销售价格降至1.50元/千克，玉米收益仍然高于大豆，仍打算按照往年习惯种植玉米。但同时农民也表示，如果今年玉米实际出售价格大幅低于预期，或者出现卖难情况，明年或许会考虑种植大豆。

统计数据显示，2004年吉林省玉米平均单产为每公顷6 238千克（每亩415.87千克），2014年为每公顷7 394千克（每亩492.94千克），玉米单产十年间增长了20%；2004年吉林省大豆

平均单产为每公顷 2 891 千克（每亩 192.74 千克），2014 年为每公顷 1 750.9 千克（每亩 116.73 千克），大豆单产十年间下降了 40%。为此，评估团队建议，继续增加大豆新品种、新技术研发投入，提高大豆单产水平，以增产促增收。

（二）种植面积数据应上下对应，避免补贴被摊薄

以 2014 年为例，吉林省统计局调查统计吉林省大豆种植总面积为 334.5 万亩，国家统计局核定的吉林省总面积为 320.4 万亩，相差 4.4%。其他试点省区同样存此类情况，黑龙江省相差 9.4%，内蒙古自治区相差 90.5%，辽宁省相差 33.4%。国家统计局核准的面积数据与各省实际调查用于补贴发放的数据不一致，导致各省大豆目标价格补贴被不同程度地摊薄。建议国家统计局能够采取有效措施，切实解决面积数据不能对应的难题，避免补贴被摊薄情况的发生。

（三）改进面积调查方法，降低工作成本

种植面积调查工作是大豆目标价格改革工作的重点，也是难点，在种植对象和种植面积每年都是变量的情况下，要准确调查统计每家每户的种植面积必然需要付出较多的人力和物力成本。建议国家加快土地确权登记步伐，同时实行台账管理，辅以 GPS 定位仪等高科技手段测定大豆种植面积，有效解决面积调查统计工作效率低下、工作成本较高的难题。

（四）完善大豆目标价格补贴政策和落实程序

农民和企业的建议主要包括：第一，提高目标价格标准，最好能提高到 5.4～5.6 元/千克。第二，在元旦前公布下一年度的目标价格，便于农民安排种植计划。第三，按实际种植面积给予补贴更合理，不论是册内地还是册外地。第四，补贴在下年 5 月底之前发放到农民手里。第五，增加补贴透明度，如本地区价格采集点、采集过程、最终价格等。第六，希望政府强化宣传，包括本地区大豆总面积、产量、单位面积补贴额度。

（五）建立健全大豆市场服务体系

部分农户反映，农村基层大豆销售渠道较少，小商小贩压等压价严重，豆农找不着市场，急需政府给予提供信息服务；另外，部分企业经营者反映，沿海地区大豆加工企业依托口岸便利，进口一吨加工一吨，流动资金年周转八次，而省内企业只有两次，因需贮存占用了大量资金，急需完善国产大豆市场，确保销售顺畅。

（六）系统研究大豆产业政策，促进产加销协调发展

我国大豆消费市场巨大，但在当前的政策体系下，农民、经销商、加工企业都普遍反映收益微薄甚至亏本，这非常不利于国产大豆产业的健康发展，很可能造成更多的从业者背离大豆产业。建议国家尽快出台大豆进口宏观调控及用途管制政策，以及促进国内大豆产加销协调发展的专项政策。

（七）政策和市场变化对农地流转、规模化经营和种粮积极性的影响

随着 2015 年度玉米临储价格下降和 2016 年玉米临储政策终结，吉林省农民转包耕地的积极性大幅下降，转包三公顷以下及一年一租的小农户，大面积出现退租现象。同时，地租同比下跌30%以上，转出户和转入户收入均受到严重影响。这十分不利于推进土地规模化经营。过去以低价长期大面积承包集体和国有土地的大户，目前尚未出现退租现象。建议国家尽快出台新的玉米、大豆收储和补贴细则，稳定农民种粮积极性。

（八）严格监督进口转基因大豆运输及加工

大豆加工小微企业要么停产半停产，要么大范围改为加工转基因大豆。内销型国产大豆加工企业目前生存艰难，如果不严格限制转基因大豆直接进入食品领域，非转基因大豆国内市场空间将被进一步挤压殆尽。真正严格从事非转基因大豆加工的企业，其加工产

品绝大部分必须出口才能生存。

（九）调减玉米、增种大豆需加大政策扶持

2016 年中央财政专项资金支持东北 17 个产粮大县开展黑土地保护利用试点。其中，榆树市试点地块实行玉米-大豆轮作补贴，每亩补贴 400 元。在此政策刺激下，2016 年榆树新增大豆面积达 3.26 万亩。而其他产粮大县包括东部山区增种大豆幅度较小，仍以玉米、水稻为主。说明要让农民改种其他作物，国家鼓励和补贴政策是关键。

（十）建议玉米补贴政策不要在各地区间“一刀切”，将“镰刀湾”地区完全排除在外

吉林省“镰刀湾”主要集中在东部山区，该区域土地相对贫瘠，产出能力较低。如果该地区完全得不到玉米补贴，农民将被迫选择种植大豆等其他作物。由于大豆—玉米比价失调，再加上补贴政策存在地区差，该地区农民收入将大幅降低且存在明显的地区差异，种粮积极性将严重受挫。

附　大豆目标价格农户问卷统计分析结果

在吉林省农业委员会的大力帮助下，2016 年 10 月，调查组在榆树、蛟河、敦化、舒兰共调查大豆种植户 389 户，获得有效问卷 350 份。同时，在上述地区调查大豆加工企业 16 家，获得有效问卷 16 份。现结合目标价格评估要求，将问卷结果统计分析如下：

一、农户基本情况

在 350 户受访豆农中，每年除种地之外，207 户有其他收入，143 户没有其他收入。在有其他收入的 207 户豆农中，种地收入占 67%，工资收入占 13.9%，房屋或土地租金收入占 12.5%，其他收入占 6.6%。在种地收入中，获得国家发放补贴款占 25.7%，其中农业补贴占 18.3%。

在 350 户受访豆农中，有 116 户加入了专业协会或专业合

作社，未来五年有196户愿意参加。不加入的原因主要是认为合作社空有其名，农民得不到好处。在愿意参加合作社可获得的好处中，有28户选择可降低市场销售风险，有37户选择可以获得更多产销信息且可以得到技术指导，有88户选择可以获得更多的产销信息，同时可以得到技术指导且降低了市场销售风险，有43户选择可以得到技术指导且降低了市场销售风险。

二、生产销售情况

2015年受访农户平均种植面积为3.82公顷。其中，有274户种植规模不足3公顷，有38户种植了3～5公顷，有22户种植规模5～10公顷，有16户种植面积超过10公顷。从流转情况看，2015年有102户流入了土地，平均转入面积3.83公顷，流转价格为4 051元/公顷；2016年户均种植规模为3.87公顷，有99户流入了土地，平均转入面积3.94公顷，流转价格为4 012元/公顷。

2015年农户种植大豆的品种主要包括：黑农系列、合农系列、禾丰系列、吉育系列、垦丰系列、绥农系列等。其中，黑农、合农、吉育、绥农占比达60%以上。除大豆外，有192个农户还种植其他作物，包括有153户种植了玉米，有42户种植了水稻，有39户种植玉米、水稻等多种作物。

从种植面积看，2015年户均大豆种植面积为1.08公顷，单产水平为2 008.5千克/公顷，平均售价3.8元/千克。其中，种子费平均485元/公顷，化肥费平均897元/公顷，农家肥费平均38元/公顷，农药除草剂费平均310元/公顷，农膜费平均0元/公顷，排灌费平均0元/公顷，机械费平均589元/公顷，土地租赁费3 750元/公顷。自家投入劳动力27工日/公顷，雇工5人/公顷，雇工平均价格180元/工日。销售量1 962.5千克/公顷，销售金额7 457.5元/公顷，平均获得补贴2 845元/公顷。

2015年户均玉米种植面积为2.6公顷，单产水平为8 930千克/公顷，平均售价1.8元/千克。其中，种子平均780元/公顷，化肥费平均2 825元/公顷，农家肥费29元/公顷，农药除草剂费平均310元/公顷，农膜费平均0元/公顷，排灌费平均68元/公顷，机械费平均1 520元/公顷，土地租赁费5 200元/公顷。自家投入劳动力54工日/公顷，雇工10人/公顷，雇工平均价格180元/工日。销售量8 380千克/公顷，销售金额7 542千克/公顷，平均获得补贴1 750元/公顷。

2015年受访农户平均种植其他作物0.14公顷，包括各种蔬菜、瓜果、杂粮等。以蔬菜为例，每公顷蔬菜平均产量41 989.8千克/公顷，平均价格2.5元/千克，平均用工成本5 649元/公顷，种子费3 841.5元/公顷，化肥费1 893.88元/公顷，农药费平均1 163.27元/公顷，排灌与耕作费平均1 810.88元/公顷，销售量41 500千克/公顷。除蔬菜外，单位面积其他作物产量平均2 447.24千克/公顷，出售价格平均4.56元/千克。用工成本平均2 571.75元/公顷，种子费平均1 059.95元/公顷，化肥费平均1 523.79元/公顷。农药费平均100.4元/公顷，排灌与耕作费平均653.07元/公顷，平均出售2 400千克/公顷。

2015年受访农户户均销售大豆2 050千克，平均分1.7次卖完。从卖豆日期看，11月销售量约为25%，户均销售512.5千克，价格为3.8元/千克；元旦前销售量约为40%，户均销售820千克，价格为3.86元/千克；春节前销售量约为20%，户均销售410千克，价格为3.72元/千克；春节后销售量约为15%，户均销售307.5千克，价格为3.8元/千克。70%卖给粮贩，20%卖给加工企业或作坊，10%卖给个人。

2015年受访农户种植大豆的主要原因有，72%的农户选择收入有保障且习惯种植大豆，15%选择省工省钱，13%选择其他。没有农户选择轮作需要，说明农民当前对轮作的意义还未充分认知。同时，也没有农户选择大豆收益高于其他作物。从调查结果看，2015年大豆是所有作物中纯收益最低的作物，这也是导致其种植面积下滑的主因。

有77%的农户表示2016年将继续种植大豆，主要原因有：

8%的农户选择轮作需要；27%的农户选择大豆收益可能高于玉米且收入有保障，主要是受国家玉米收储政策的变化影响；56%的农户选择习惯种植大豆且大豆收入有保障；52%的农户选择大豆收入有保障且省工省力。

三、农户政策知晓情况

所有受访农户均知道2015年大豆目标价格是4.8元/千克，72%的农民2015年4月知晓了目标价格补贴标准，15%的农户于2015年5月知晓，余下13%的农户知道补贴标准的日期相对滞后，最迟是2015年9月。

时至2016年10月，所有受访农户均知道2016年大豆目标价格是4.8元/千克。农户知道2016年大豆补贴标准的时间分布情况与2015年基本相同。78%的农民2016年4月知晓了目标价格补贴标准，15%的农户于2016年5月知晓，余下7%的农户知道补贴标准的日期相对滞后，最迟是2016年7月。

农民对于国家出台的新农业政策，16%非常积极地了解和学习，49%积极地了解和学习，35%积极性一般，没有人不积极。对于本地区最终监测（采价点）的监测价格，只有8%的农民知道，他们了解的市场价格是3.86元/千克，92%的农户不知道。对于市场监测对象，49%的农户选择包括农户、合作社、加工企业、流通企业和经纪人，45%的农户选择包括加工企业和流通企业，余下6%的农户选择加工企业。有56%的农户认为监测点设置不合理，44%的农户认为合理。

100%的农户都知道目标价格是按承包种植面积补贴。100%的农户表示相关部门或村里到家中进行过种植面积统计并公示，公示后没有进行调整的情况。98%的农户没听过《吉林省大豆目标价格改革试点工作实施方案》。

2015年76%的农户不知道大豆的目标价格补贴标准。只有24%的农户知道补贴标准为139.72元/亩，比上年增加85.72元/亩。2015年大豆补贴都在2016年10月初拿到手。100%的受访农户表示，除目标价格补贴外，没有其他补贴标准。

四、农户政策满意度情况

56%的受访农户对目标价格补贴政策总体满意，对 4 800 元/吨的目标价格水平满意度为 81%，69%的农户对目标价格公布时间很不满意，92%的农户对市场价格监测时间满意，72%的农户对目标价格按承包面积补贴不满意，56%的农户对种植面积核查结果公平性满意，71%的农户对政府部门的宣传不满意，98%的农户对目标价格补贴发放时间不满意，83%的农户对目标价格补贴发放金额满意，100%的农户对补贴资金发放的方式（一卡通）满意。

78%的农户表示目标价格补贴政策提高了其种植大豆的积极性，相比大豆临时收储政策，82%的农户更愿意选择目标价格补贴政策。对于明年的农业补贴政策，85%的农户选择不管种什么，统一给补贴。74%的农户认为大豆目标价格补贴超过 5.6 元/千克比较合适，20%的农户认为超过 6.0 元/千克比较合适，6%的农户认为超过 5.0 元/千克比较合适。

对于市场监测对象，57%的农户认为选择部分农户和企业，然后计算平均数合理；39%的农户认为选择部分农户、合作社和企业，然后计算平均数合理；还有 4%的农户认为全部收集农户出售价合理。关于大豆目标价格补贴方式，92%的农户认为按实际种植面积补贴合理，8%的农户认为按产量补贴更合理。

对于完善大豆目标价格补贴政策，农民的建议主要包括：第一，提高目标价格标准，最好能提高到 5.4～5.6 元/千克。第二，在元旦前公布下一年度的目标价格，便于农民安排种植计划。第三，按实际种植面积给予补贴更为合理，不论是册内地还是册外地。第四，补贴在次年 5 月底之前发放到农民手里。第五，增加补贴透明度，如本地区价格采集点、采集过程、最终价格等。第六，希望政府强化宣传，包括本地区大豆总面积、产量、单位面积补贴额度。

附录四　2015 年辽宁省大豆目标价格改革试点评估报告

从对辽宁省豆农问卷调查的统计结果看，81.2%的农户对目标价格补贴政策总体表示满意，对各关键环节的满意度在 64.2%～90%之间，满意度最低的是补贴发放时间。

一、种植面积核查环节

辽宁省受种植结构调整政策影响，2016 年调减玉米种植面积 210 万亩，其中辽西北地区调减比重占全省的 70%以上，调减的玉米种植面积用于发展花生、大豆等。2015 年辽宁省大豆种植面积为 140 万亩，虽然玉米面积调减，但大豆的播种面积 2016 年预计为 160 万亩以下，产量 20 万吨左右，平均单产 125 千克/亩。

从对辽宁豆农问卷调查的统计结果看，在有效样本中，85.6%表示相关部门或村里到家进行过种植面积统计，100%选择补贴的种植面积进行过公示。

二、市场价格采集环节

本年度农资价格大幅上涨，大豆的种植成本有所提高。据 12316 热线了解，土地承包费用、种子、化肥和人工费用提高使今年国内大豆种植成本达到了约 2 100 元/吨。开秤价预计不会太高，可能会集中在 2 500 元/吨左右，但最低价不会低于 2 400 元/吨。

从对辽宁豆农问卷调查的统计结果看，80.5%对市场价格监测的时间表示满意，认为监测对象设置合理的占 88.6%。

三、补贴资金拨付和兑付环节

2016 年 7 月 5 日，中央财政拨付辽宁省大豆目标价格补贴资金。随后，经辽宁省政府批准，省物价监督管理局、省财政厅、省统计局联合下发通知，辽宁省2015年度大豆目标价格补贴资金发放工作正式启动。

经省政府批准，省物价局会同省财政厅、省农委、省统计局按照《辽宁省大豆目标价格改革试点工作实施方案》要求，依据辽宁省大豆市场价格监测情况，启动大豆目标价格补贴，2015年大豆补贴标准按照最低补贴价格4 800元/吨计算，实际补贴每亩约357元（实际补贴额）。

从对辽宁豆农问卷调查的统计结果看，71.8%对补贴发放时间满意，96%对补贴发放方式满意，75.3%对补贴发放金额满意。需将补贴资金拨付时间提前。

四、政策宣传和培训环节

从对辽宁豆农问卷调查的统计结果看，86.7%对政府部门的政策宣传满意，76.7%知道2015年大豆目标价格，91.5%知道2015年每亩大豆的目标价格补贴标准。

五、国内外大豆现货市场运行情况

2015年我国进口大豆依然保持明显的价格优势，进口大豆到港成本在3 000～3 500元/吨，国产大豆仍然受到进口豆的价格压力。我国进口大豆到港价格受外盘的影响较大，基本紧随外盘期货价格走势。2015年因国际大豆市场供过于求和大宗商品价格下降，国际市场大豆价格总体呈现下降走势。CBOT美豆期货价格从年初的1 050美分震荡最低跌至850美分附近，跌幅达19%，创下六年新低。

2015年上半年由于南美大豆主产国巴西、阿根廷产量均创出历史新高，在强大的供应压力下，期价一路走低。在6—7月的美豆生长关键期，由于美豆部分主产区出现干旱和洪涝灾害，期价走出了一波强劲的反弹，但美国农业部月度供需报告持续发布创历史新高的美豆单产，期价止涨回落，并在收割季的季节性抛售中跌至

850 美分/蒲式耳的年内低点，随后在 850～930 美分/蒲式耳价格区间波动。在我国临储政策取消后，国内大豆市场价格走势跟随国际豆价走势的倾向更加明显。

六、辽宁大豆销售进度情况

辽宁省大豆生产以小规模农户为主，主要用于食用消费，市场价格相对稳定，调查数据显示农户期待价格在每千克 6.0 元。省内自产大豆外销流通比重较小。

8 月份之后，国内农户手中存粮有限，新豆未上市，陈豆不足，市场供应紧张，再加上进口大豆价格不断走高，受进口大豆主导的国内大豆市场将持续上涨趋势，辽宁大豆受供应不足影响，价格上涨。

七、2016 年豆农种植积极性有所提高

2015 年末至 2016 年初，农业部陆续发布《关于“镰刀弯”地区玉米结构调整的指导意见》《关于促进大豆生产发展的指导意见》《全国种植业结构调整规划（2016—2020 年）》，总趋势是调减非优势区域籽粒玉米种植面积，增加大豆、饲草、杂粮杂豆、春小麦、经济林果和生态功能型植物等种植面积。在一系列种植业结构调整政策引导下，2016 年辽宁省调减玉米种植面积近 210 万亩，农民种植大豆意愿有所增加，预计大豆种植面积增加 20 万～30 万亩。

从豆农问卷调查的统计结果看，85.3%表示目标价格补贴政策提高了种植大豆的积极性；如果 2016 年还种大豆，与 2015 年种植面积相比，76.1%表示种植面积增加。

八、政策建议

辽宁的大豆生产中，农民主要还是靠天吃饭，抗自然灾害和不良气候的能力较弱，农户期待政府给予一定的补助政策，做好农田水利基本设施建设，以增强抗自然灾害的能力。此外，应扩大农业保险的范围，加大农业保险的力度，确保旱涝保收。

应加大大豆生产技术指导，提高科技贡献能力，帮助农民引进适合本地区自然条件的高产、稳产、抗病虫害的优良大豆品种，改变大多数农户自留豆种使用的不良习惯，多种植符合市场需求和深加工需要的高附加值品种，以达到增加收益的目的。

在各类农作物中，大豆的产量低，价格起伏不定，一般只有油坊和豆腐坊少量收购，缺少中间收购者，收益远远抵不上种植玉米、水稻、花生等品种，因此许多豆农转种其他作物。大多农民种植大豆是为了倒茬，为明年种植其他作物打基础。为保证大豆种植面积，增加豆农收益，应对种植大豆继续给予适当补贴和一些优惠政策，提高农户积极性，使大豆生产朝好的方向发展。